RITUEL MAÇONNIQUE.

PARIS. — IMPRIMERIE GERBÉS,

10 RUE SAINT-GERMAIN-DES-PRÈS.

LE VÉRITABLE
LIEN DES PEUPLES

ou

LA FRANC-MAÇONNERIE

RENDUE A SES VRAIS PRINCIPES,

PAR N. C. DES ÉTANGS,

ANCIEN VÉN∴ DE LA L∴ DES TRINOSOPHES, O∴ DE PARIS.

RITUEL
DES GRADES SYMBOLIQUES.

APPRENTI. — PREMIER DEGRÉ.

O∴ DE PARIS,
LIBRAIRIE MAÇONN∴ DE A. BERLANDIER,
RUE DE L'ÉPERON, 7.

5847.

AVIS

AUX VÉNÉRABLES.

Il faut bien étudier ce cahier, afin de faire les questions avec le ton convenable, c'est-à-dire avec un ton grave et capable d'inspirer le respect; ne jamais engager de discussion, ni souffrir qu'il en soit engagé.

Le cahier du Gr∴ d'Apprenti est moins destiné à instruire le Récipiendaire qu'à faire connaître quelle instruction il a reçue. Celui qui suit avait été rédigé pour la réception d'un avocat distingué d'une des plus grandes villes de l'Europe. Il sera facile de voir en quels endroits les questions devraient être changées, si le Récipiendaire était un militaire, un prince, un magistrat, etc., etc.

La comparaison de ce cahier et des suivants, avec ceux que les GG∴ OO∴ mettent dans les mains des présidents d'Atel∴ pour enseigner la Maçonnerie, fera juger des services qu'ils peuvent rendre à l'institution.

CAHIER

POUR

LA RÉCEPTION AU GR∴ D'APPRENTI,

PREMIER DEGRÉ SYMBOLIQUE.

ORDRE DES TRAVAUX.

OUVERT∴.. — LECTURE DU PROCÈS-VERBAL DE LA DERNIÈRE ASSEMBLÉE. — LECT∴. DES DEMANDES EN SECOURS. — INTRODUCTION DES VISIT∴.. — SALUT AUX VISIT∴.. — SCRUTIN POUR LES PROF∴. PROPOSÉS. — DISPOSITIONS PRÉPARATOIRES. — LE RÉCIPIEND∴. A ÉTÉ CONDUIT DANS LE PLUS GRAND SILENCE AU LIEU DES RÉFL∴.. — ON APPORTE SES MÉT∴. ET SON TEST∴.. — ASSEMBLÉE CONSULTÉE. — LE VÉN∴. ORDONNE QUE LE RÉCIPIEND∴. SOIT AMENÉ DANS LES VÊTEMENTS D'USAGE ET LES YEUX COUVERTS.

RÉCEPTION.

(Lorsque le Récipiendaire est arrivé près du Temple, l'Expert qui le conduit frappe à la porte; le gardien ouvre et demande ce que l'on veut. Sur la réponse qui lui est faite et qui parvient au Vén∴. par la voie des deuxième et premier Surv∴., il demande au Récipiendaire ses nom, prénoms, âge, lieu de naissance et profession. Lorsque ces réponses ont été transmises au Président, l'Expert referme la porte, et, après un instant de silence, le Vén∴. frappe un coup et dit :)

« **Donnez-lui l'entrée.** »

(On introduit le Récipiendaire, on le fait asseoir, et le silence doit être si grand, qu'il doit ignorer absolument en quel lieu on l'a conduit.

Le Vén.·. frappe un coup, et, après quelques instants, il appelle l'attention du
Néoph.·. et des assistants par une maxime ou réflexion sérieuse, qui doit changer suivant les Récip.·. et les circonstances.)

(LE VÉN.·., après un moment de silence.)

« L'homme se débat dans les fers qui l'accablent; il cherche le bonheur
et ne le trouve nulle part; ses passions étaient nécessaires, et ses passions
ont été détournées de leurs voies. Le génie du mal en a fait des instruments
de discorde et de malheur! »

(Silence.)

Monsieur, vous êtes-vous préparé par la *réflexion*, la *solitude* et l'*aumône*
à la démarche que vous faites aujourd'hui?

Avez-vous rempli les autres conditions (1)?

Quel est votre dessein en vous présentant ici? Quels obstacles trouvez-
vous dans le monde à pratiquer la vertu (2)?

Quoi! le monde, cette machine organisée à si grands frais, qui a des
maîtres et des docteurs si habiles en tous genres, ne fait pas, n'enseigne pas
les choses que vous désirez?

Mais la Maçonn.·. aussi, monsieur, pourrait bien avoir ses imperfections,
comme toutes les institutions humaines; et même, il faut vous l'avouer, on
pourrait dire qu'il existe deux sortes de Maçonn.·., l'une décriée et avilie,
dont le vulgaire s'est emparé et qu'il gouverne à sa manière, c'est-à-dire
sans ordre, sans science et sans raison, et l'autre réservée aux hommes
forts, intelligents, laborieux, qui sentent qu'avec l'étude et le courage on
peut faire de l'homme quelque chose d'élevé qui se tienne hors de l'influence
fatale du vice et du mensonge dont la société est infectée.

C'est dans cette dernière Maçonn.·. sans doute, monsieur, que vous désirez entrer?

Consentez-vous que nous examinions si vous possédez les qualités qui
peuvent vous mériter cette faveur?

(1) Un Bain et du Linge blanc.
(2) Il est bien entendu que le Président doit attendre la réponse à chacune des questions qu'il
fait.

En ce cas, nous allons bientôt connaître ce que vous pensez, et par conséquent ce que vous valez.

Cet examen vous cause-t-il quelque frayeur? Ne vous inquiétez point de l'ordre dans lequel les questions vont vous être présentées; ne songez qu'à vous recueillir pour répondre avec exactitude. Nous sommes chargés, non de vous instruire, mais de savoir quelle instruction vous avez reçue et de quelle manière vous en avez profité.

Vous promettez donc de parler avec une entière sincérité? Oui, monsieur, la Maçonn.·. est une chose sérieuse. Et d'abord, voyez par où nous commençons nos études et quel spectacle on a mis sous vos yeux.

Qu'avez-vous vu dans le lieu où l'on vous a enfermé avant qu'on vous conduisît ici?

La mort!... un cadavre et des larmes!...

Des larmes et un cadavre!... Voilà une première leçon qui a dû vous frapper.

Quelles réflexions avez-vous faites?

On vous a enlevé votre argent et vos bijoux; vous voilà presque nu : que pensez-vous de l'état où vous êtes?

(Quand le Récip.·. a répondu, le Vén.·. dit :)

Cet état signifie qu'il faut dépouiller le vieil homme, mettre bas les préjugés, les fausses idées, pour revêtir une âme nouvelle et des sentiments nouveaux. Il signifie que l'homme est peu de chose sans le secours des autres; qu'il faut, non pas seulement des habits, de l'argent, mais des vertus, pour avoir figure humaine, pour être véritablement homme.

Vous avez fait votre testament; je le tiens dans mes mains. A coup sûr, vous n'avez pas cru que votre vie fût compromise; mais vous avez dû vous dire : Je mourrai un jour; voyons ce que j'ai fait et par où j'ai rendu mon existence recommandable.

(Ici le Vén.·. donne lecture du Testament, puis continue ainsi :)

Qu'est-ce que l'homme doit à Dieu?

Dieu vous a créé, vous a donné une âme !

2

Dieu!... Ame!... Entendez-vous bien ces mots?

Essayez de les définir.

Combien y a-t-il de dieux?

Pourquoi toute l'antiquité en a-t-elle reconnu plusieurs? Cette antiquité si savante, de qui nous tenons tous les modèles de perfection, se serait-elle trompée en un seul point, celui de la divinité?

Cependant deux principes paraîtraient une conception raisonnable; car, comment expliquer le *bien* et le *mal* venant de la même source?

(Causes premières, causes secondes.)

Monsieur, quoique ces questions tiennent à ce qu'on appelle *théologie*, n'allez pas croire cependant que les Maç∴ se livrent à des discussions religieuses ou politiques. Non, monsieur; ils ne sont point assez malavisés pour commettre cette faute. Ils marchent dans un ordre d'idées plus fixe et moins hasardeux. Quelquefois seulement, ils font ce qui se fait dans toutes les écoles de philosophie, ils interrogent l'esprit des Néoph∴, pour savoir d'abord s'ils ont de l'esprit et quel usage ils sont capables d'en faire.

Poursuivons donc.

Il n'y a qu'un Dieu; cela est prouvé. Combien y a-t-il de religions?

Comment s'établissent les religions?

(Zoroastre, Moïse, Mahomet.)

Quelle est la meilleure manière de connaître le véritable Dieu? La croyance en un Dieu est indispensable comme base de toute morale; car, sans cette croyance, tout deviendrait désordre et crime sur la terre; l'oubli des lois, le meurtre, l'assassinat détruiraient la société de fond en comble : c'est une vérité enseignée chez tous les peuples et dont vous êtes convaincu, monsieur.

Cependant, une objection se présente : vous allez la résoudre. Ce n'est qu'un peu d'exercice que je veux donner à votre esprit, et rien ne sera plus facile que de répondre.

Voici cette objection :

Adam (prenons une des théogonies les plus anciennes et les plus répandues, car il faut bien partir d'un point), Adam croyait certainement en Dieu, puisqu'il partait directement de ses mains et qu'il lui avait parlé comme je vous parle. Caïn, son fils, y croyait aussi. Cependant le premier commit le crime qui perdit le genre humain, et le second assassina son frère en présence de Dieu même.

Qu'auraient-ils pu faire de pire s'ils n'avaient pas cru?

Qu'est-ce que l'ignorance?

Pourquoi les ignorants sont-ils si entêtés, si irascibles, si dangereux, si cruels?

Pourquoi les hommes s'égorgent-ils, principalement depuis quatorze ou quinze cents ans, au nom de Dieu?

Qui est-ce qui a établi le mensonge parmi les hommes?

Qui est-ce qui le maintient?

D'où peut venir cette assertion de plusieurs sectes, que les hommes naissent corrompus?

A quoi sert une telle doctrine?

Pourriez-vous indiquer la principale cause des malheurs des hommes?

Pourquoi Dieu n'a-t-il créé le monde que depuis *cinq mille huit cent et quelques années?*

Puisque le monde a commencé, suivant l'opinion reçue, ne pourrait-il pas se faire qu'il eût déjà existé un autre monde, il y a vingt mille ans, cent mille ans, lequel monde aurait péri comme le nôtre périra?

Comment faudrait-il faire pour que le véritable Dieu fût connu de tous les peuples?

L'erreur est-elle utile aux hommes?

Comment se trouve-t-il des gens qui enseignent le mensonge aux hommes?

Qu'est-ce que la raison?

Quelle différence faites-vous entre la raison que Dieu nous a donnée et celle que certains docteurs voudraient que nous eussions? Monsieur, tout cela nous apprend qu'il y a de grands mystères qui conduisent la pauvre espèce humaine : c'est à les comprendre, à les dérouler, à n'en être pas les victimes, que les sages s'appliquent.

Qui est-ce qui a inventé les *mystères* dans tous les temps?

Vous connaissez sans doute ceux des anciens? ceux de l'*Égypte*, de *Lemnos*, de *Samothrace?* Qu'en pensez-vous, monsieur? Que pensez-vous des épreuves qu'il fallait subir pour y être admis?

Les mystères des anciens enseignaient l'art de gouverner les hommes par des moyens bien opposés, par la *science* et par l'*erreur*. En Égypte, par exemple, la science était pour les prêtres et pour les souverains, l'erreur pour les peuples. La science était un secret qu'il ne fallait jamais révéler qu'à des adeptes choisis. L'ignorance restait le partage éternel du vulgaire : et vous concevez quel état de choses résultait d'une pareille combinaison!

Nous avons aussi nos mystères, monsieur; et vous connaîtrez bientôt si nous prenons le système des anciens pour modèle.

Nous avons nos épreuves; toutes les associations particulières ont les leurs : vous allez les subir, c'est notre loi. Ne vous troublez pas; conservez votre sang-froid, afin que vous puissiez rendre compte des impressions que vous aurez éprouvées.

Livrez vos mains au conducteur qui va vous guider.

(Le Vén.·. frappe un coup.)

PREMIER VOYAGE.

Que pensez-vous, monsieur, de ce qui vient de se passer?

Monsieur, ce bruit, ce tumulte, ces secousses, ces tiraillements, ce désordre, sont l'image du monde profane où vous avez vécu jusqu'à présent. Ce sont les guerres, les passions, les haines, les trahisons, les jalousies, les malheurs et les tourments de toutes espèces qui attendent l'homme vertueux sur la terre, et qui sont le fatal résultat de l'erreur et des mauvaises institutions.

Peut-être avez-vous déjà souffert une partie de ces maux? Peut-être avez-vous été trahi, outragé, persécuté?... Prenez courage, monsieur, la Maçonn·. apprend à souffrir; la vertu prépare des consolations plus grandes que vous ne pensez; mais cette vertu, il faut la chercher, il faut l'acquérir.

Votre premier voyage est fait, tâchez qu'il vous soit profitable.

Monsieur, nous avons parlé de Dieu et d'âme... L'esprit de l'homme s'y confond; il n'est ni assez éclairé, ni assez libre pour traiter de pareilles matières. Nous allons passer à des objets plus à sa portée.

La seconde partie de votre testament comprend cette question :

Qu'est-ce que l'homme se doit à lui-même?

Il se doit l'honneur, la vérité, l'étude, l'instruction, pour améliorer son être et se guider dans les sentiers de la vie.

Qu'avez-vous fait, monsieur, pour connaître la vérité?

Quel est le livre qui vous a fait le plus d'impression dans votre jeunesse?

Pour quelle raison vous a-t-il fait cette impression?

Croyez-vous avoir quelques idées qui vous viennent de votre propre fonds, indépendamment de ce que vous ont dit les livres et les maîtres chargés de vous enseigner?

Quelles sont-elles?

Qui a présidé à votre éducation?

Êtes-vous sûr que ceux qui vous ont enseigné étaient assez éclairés, ou étaient de bonne foi dans les choses qu'ils vous ont apprises?

A quoi reconnaissez-vous qu'on vous a dit la vérité?

Monsieur, il y a une foule d'écoles où l'on enseigne l'astronomie, la physique, la géométrie, l'algèbre, toutes les sciences : en connaissez-vous une où l'on enseigne véritablement à l'homme à se connaître lui-même, à s'honorer, à savoir ce qu'il vaut; où l'on enseigne la justice, la vérité, l'humanité?

Vous verrez plus tard, monsieur, si cette école n'est pas la Maçonn.·..

Lequel des deux, du mensonge ou de la vérité, produit le plus de richesses à ceux qui les enseignent?

Quelles concessions croyez-vous que l'homme de génie, l'homme de cœur, doive faire à la sottise, à l'ignorance et au vice, pour avoir la paix et n'être point exposé à des dangers?

(Socrate, Galilée.)

Quand la vérité et la raison sont détruites, que reste-t-il à l'homme qui le distingue des animaux?

Monsieur, vous exercez la profession d'avocat; quels sont les principaux devoirs d'un avocat? Quelle âme faut-il à un avocat (1)?

Que dites-vous des obstacles, des périls même qui environnent votre profession?

La société a-t-elle réellement le droit d'ôter la vie à un de ses membres? Est-il utile ou juste de punir la mort par la mort?

____

(1) Il est clair que la question doit changer suivant la profession du Récip.·..

Un homme tue parce qu'il est aveuglé, emporté par les passions : la société peut-elle imiter ceux qu'emportent les passions?

Qu'est-ce que l'hypocrisie?

Combien y a-t-il de sortes d'hypocrisies?

Que pensez-vous des délateurs?

Dans quel temps, chez les Romains, les délateurs furent-ils le plus nombreux, le plus encouragés, le mieux récompensés?

Monsieur, le roi Cambyse fit écorcher vivant un juge pour avoir prévariqué; il fit faire un siége de sa peau, et commanda au fils du condamné, qui était chargé aussi de rendre la justice, de s'asseoir sur ce siége! Que pensez-vous de cet exemple terrible?

(Le Vén.·. frappe un coup.)

Faites faire le second voyage au Récip.·..

DEUXIÈME VOYAGE.

Que pensez-vous de ce que vous venez d'entendre?

Cette fois, votre voyage a été moins pénible, vous n'avez entendu qu'un cliquetis d'armes.

Ce bruit vous annonce que, dans votre vie, vous aurez peut-être à combattre pour la vertu, pour l'innocence ou pour votre pays, et qu'alors il ne faudra ni reculer ni trembler.

La troisième partie de votre testament contient cette question :

Qu'est-ce que l'homme doit à ses semblables?

Ce qu'il doit, monsieur, vous l'avez dit vous-même : beaucoup, presque tout ; car, sans l'idée des autres, nous ne sommes plus rien, nous sommes des égoïstes, des méchants, rapportant tout à nous et accusant encore les autres de nous ressembler, ce qui est le dernier terme de la dégradation morale.

Ce système, heureusement, punit ceux-là même qui l'adoptent, puisque, n'aimant personne, ils ne trouvent point d'amis.

Monsieur, pourquoi les anciens trouvaient-ils si doux de combattre et de mourir pour leur patrie?

C'est qu'ils avaient une patrie; c'est qu'ils aimaient leurs concitoyens, qu'ils étaient frères et ne formaient qu'une même famille; et la famille, l'état, la gloire, tout périt, quand l'ambition personnelle, qui n'est autre chose que l'égoïsme, prit la place de l'amour de la patrie.

Quels sont les peuples qui ont une patrie?

(A demi-voix.)

Monsieur, vous sentez-vous un homme de cœur, capable de fortes résolutions ?

Jusqu'à quel point pousseriez-vous le dévouement pour vos semblables ?

Savez-vous manier l'épée, les armes à feu ?

Pouvez-vous supporter la faim, la soif, la fatigue, les voyages ?

Aimeriez-vous assez la vérité, l'humanité, pour aller les enseigner dans les pays lointains, si la Maçonn.·. vous y envoyait ?

Repassez-vous quelquefois en votre mémoire les maux que le fanatisme et la superstition ont causés sur la terre ?

Vous souvenez-vous de ce squelette que vous avez vu tantôt ?

Avez-vous osé le regarder ?

Avez-vous remarqué cet écrit sur lequel reposait sa tête ?

C'est le procès-verbal de sa mort.

Savez-vous ce que c'est que ce squelette-là ?

Ce squelette-là, monsieur, est celui d'un homme égorgé le jour de la *Saint-Barthélemy*, le 24 août 1572. C'était, nous a-t-on dit, le secrétaire de l'amiral *Coligny*, qui fut si horriblement assassiné et dont on envoya la tête à Grégoire XIII.

Vous savez ce que c'est, monsieur, que cette Saint-Barthélemy ?

D'anciens Maç.·. ont recueilli ce cadavre ; et nous le conservons pour le montrer aux Init.·., afin de leur apprendre ce que c'est que le *fanatisme* et la *superstition* ; quels crimes et quelles horreurs ils enfantent !

Ce squelette est maintenant devant vous, monsieur ; vous allez le voir ; n'en soyez pas effrayé. Il tient à la main le récit du massacre et la liste des morts. Étendez la main, monsieur, et posez-la sur la tête de ce malheureux... Mais non ! arrêtez. Je ne mettrai point votre sensibilité à une telle épreuve. Qu'on enlève ce cadavre. Le Néoph.·. n'a pas besoin du terrible aspect des morts pour apprendre qu'il ne faut jamais égorger ni persécuter ses semblables pour des opinions.

Monsieur, vouerez-vous éternellement vos talents, votre éloquence, au soutien de l'innocence, de la vertu ?

Vous le promettez ?

Exp.·., préparez les instruments des épreuves : le feu, l'eau, les breuvages, les bassins destinés à recevoir le sang.

Que ces épreuves ne vous effraient pas, monsieur : elles sont indispensables. Cependant, si vous ne jugez pas devoir vous y soumettre, il est encore temps ; vous pouvez vous retirer.

SANG.

Vous m'avez entendu parler de sang, monsieur ; de quelle partie de votre corps préférez-vous que l'on vous en tire ?

Il ne faut pas que cette idée de sang vous étonne. Le sang jouait un grand rôle dans les anciennes religions. Presque toutes établissaient la *purification*, l'*expiation* et la *rédemption* par le sang. Presque tous les dieux en demandaient. *Calchas immola Iphigénie ; Jephté sa propre fille.* Chez les *Hébreux*, les prêtres étaient consacrés avec du sang. « Tu tremperas ton doigt dans le sang, dit le Dieu de Moïse, et tu en mettras sur l'oreille droite, sur le pouce de la main droite et du pied droit d'Aaron et de ses fils ; tu en verseras sur leur tête et sur leurs vêtements. Mon autel doit être perpétuellement arrosé de sang (Lévitique). » Et le même Dieu, vous le savez, monsieur, exigea et reçut le sang de son fils en expiation des crimes du genre humain ; ce qui fait dire à saint Paul, son apôtre : *Non fit remissio nisi sanguinis effusione,* il n'y a point de rémission sans l'effusion du sang.

Nous n'exigeons pas le vôtre, monsieur, pour des motifs de cette nature, mais seulement pour que vous signiez l'obligation que vous prêterez avant que d'être initié à nos mystères. Le sang donné pour cet usage montre le dévouement le plus parfait ; et vous croirez, du reste, que, loin d'aimer à verser le sang de nos semblables, nous voudrions, au contraire, voir finir les fatales erreurs qui en ont souillé la terre depuis tant de siècles.

Exp.·., faites votre office.

EAU.

L'eau, dans les pratiques symboliques et religieuses, passe toujours pour laver les souillures de l'âme, comme elle lave les souillures du corps. Vous connaissez les *eaux lustrales* des anciens, la *piscine* de Siloë qui était à la porte de Jérusalem, le *baptême* des chrétiens et les *aspersions* que l'on fait sur le peuple pour chasser les *mauvais esprits*.

Ainsi vous trouverez dans nos cérémonies une grande confraternité avec les cérémonies des anciens.

Voici la prière des premiers chrétiens, selon Eus... de Césa..., sous Néron, du temps des persécutions; cette prière est remarquable.

Il se glissait quelquefois dans leurs assemblées de *faux chrétiens*, de *faux frères* qui les dénonçaient et les faisaient périr.

Voici cette prière :

« Vous qui assistez à nos mystères, et qui allez recevoir avec nous les ablutions sacrées, nous vous prions, nous vous conjurons, au nom du ciel, au nom de ceux qui vous ont donné le jour, par les entrailles de vos mères et de vos enfants, ne trahissez point ceux que vous venez visiter comme frères. Nous n'enseignons, vous le voyez, la violation d'aucune loi, ni l'oubli du respect qu'on doit à César, ni le refus de payer l'impôt. Nous enseignons la charité, la fraternité, et nous ne demandons que la liberté d'adorer le Dieu qui nous a tous créés frères. Au nom de ce Dieu, restez nos frères, et ne nous trahissez pas! »

Après ces paroles, l'aspersion de l'eau avait lieu sur les assistants, et souvent les cœurs les plus durs ont été touchés et changés par cette prière.

Vous allez être purifié par l'eau.

Exp.·., faites votre office.

Puisse cette eau effacer de votre esprit les préjugés et les fausses doctrines dont le monde profane aurait pu le souiller!

SCEAU. FER BRULANT.

Il faut, monsieur, que vous portiez sur votre corps une empreinte faite avec un fer chaud, afin que partout vous soyez reconnu comme membre de la grande famille.

Cet usage n'est pas nouveau; il est pratiqué dans presque tous les pays. L'Indien se tatoue; le derviche se couvre les membres d'incisions; certains

Maç.·. de l'intérieur de l'Afrique portent les signes de la Maçonn.·. gravés sur la poitrine ; et, dans l'Europe, la plupart des soldats se font sur le corps, avec de la poudre à canon, des trophées en l'honneur de leur prince, de leur patrie, ou de quelque autre objet de leur tendresse.

Sur quelle partie du corps voulez-vous que le sceau de la Maçonn.·. vous soit appliqué ?

Exp.·., faites votre office.

CALICE D'AMERTUME.

Exp.·., présentez au Récip.·. le calice d'amertume.

(Le Récip.·. boit.)

Chacun boit le sien dans ce monde, monsieur ; nul rang, nulle fortune, n'en exemptent.

Puisse celui-ci être le dernier qui s'approche de vos lèvres !

(Le Vén.·. frappe un coup.)

FLAMMES.

Servants, allumez les feux destinés à purifier le Récip.·..
Faites faire le troisième voyage.

TROISIÈME VOYAGE.

Il faut être prêt, monsieur, à passer au milieu de mille épées levées contre vous, à traverser les fleuves et les flammes pour défendre la justice et la vérité : tous nos symboles vous l'apprennent.

Mais les symboles vont cesser pour faire place à la vérité.

Vous sentez-vous véritablement du courage?

Vous persistez donc à vous faire recevoir Maç.·.?

Avez-vous quelque réflexion, quelque objection à présenter contre les questions ou les épreuves qui vous ont été faites?

Pensez-vous que la Maçonn.·. puisse être réellement l'école de la science et de la vertu?

(Le Vén.·. frappe un grand coup.)

C'est assez. Je borne là mes épreuves. L'*eau*, le *sang* et le *feu* vous ont purifié; il ne vous reste plus qu'une formalité à remplir : c'est un serment qui vous liera pour jamais à la société dans laquelle vous demandez à entrer. Il n'est pas besoin de vous dire qu'il ne contient rien de contraire aux lois du pays; mais il astreint à des devoirs rigoureux dont il ne faudra jamais vous départir.

Ce n'est point un de ces serments vulgaires qu'on exige des profanes et qu'on sait bien qu'ils violeront, si les circonstances l'exigent; mais le vrai serment de l'honneur et de la probité, d'autant plus sacré qu'il est volontaire, sans séduction, sans contrainte, d'autant plus sacré qu'il prend sa source dans le cœur de l'homme et dans l'intérêt de l'humanité tout entière.

Les expressions dans lesquelles il est rédigé sont un peu fortes; elles nous viennent des temps anciens. Nous les conservons : l'essentiel est d'en saisir l'esprit et de prendre la résolution de l'observer.

Le promettez-vous?

Faites avancer le Néoph.·. vers l'autel.

Mettez la main sur ce glaive.

SERMENT.

Ce serment ne vous cause-t-il aucune inquiétude?

Consentez-vous à le renouveler quand vous aurez vu la lumière?

Conduisez le Néoph.·. entre les deux Col.·..

Monsieur, préparez-vous à recevoir la lumière, non pas seulement une lumière matérielle qui ne frappe que les yeux du corps, mais une lumière plus pure qui éclaire l'esprit et qui donne la vie à l'âme.

Exp.·. et Surv.·., faites votre devoir, et que le bandeau tombe de ses yeux au signal donné.

> (Le Vén.·. frappe trois coups, et au troisième le bandeau qui couvrait les yeux du Néophyte est enlevé; la lumière lui est donnée, et le Vén.·. dit :)

Monsieur, les épées que vous voyez tournées vers vous vous annoncent autant d'amis, autant de frères prêts à vous défendre, si vous êtes fidèle à l'honneur, mais aussi prêts à vous percer le sein, si vous trahissez vos serments; ou plutôt un supplice plus grand vous est réservé : la honte et l'infamie vous poursuivraient partout où vous porteriez vos pas. Mais la menace est inutile; l'amour de la vertu vous y retiendra.

> (Le Vén.·. frappe un coup.)

Faites approcher le Néoph.·. de l'autel.

Consentez-vous à renouveler votre obligation?

CONSÉCRATION.

(Après la consécration, le nouvel initié est placé en tête de la Col.'. du Nord, et le Vén.'. complète la réception et termine la séance par les travaux suivants :)

INSTRUCTION. — COMMUNICATION DES SIGNES, PAROLES ET ATTOUCH.'.; MOT SACRÉ ET MOT DE PASSE. — REMISE DE DEUX PAIRES DE GANTS ET D'UN TABLIER. — PROCLAMATION DU NOUVEAU F.'. ENTRE LES COL.'.. — DISCOURS. — CIRCULATION DU SAC. DES PROPOSITIONS ET DU TR.'. DE BIENFAISANCE. — CLOTURE.

OBSERVATION D'ORDRE.

La réception, y compris les préparatifs et les discours, ne doit pas durer plus de deux heures et demie.

RITUEL MAÇONNIQUE.

PARIS. — IMPRIMERIE GERDÈS,
10, RUE SAINT-GERMAIN-DES-PRÉS.

LE VÉRITABLE

LIEN DES PEUPLES

OU

LA FRANC-MAÇONNERIE

RENDUE A SES VRAIS PRINCIPES,

PAR N. C. DES ÉTANGS,

ANCIEN VÉN∴ DE LA L∴ DES TRINOSOPHES, O∴ DE PARIS.

———

RITUEL

DES GRADES SYMBOLIQUES.

———

COMPAGNON. — DEUXIÈME DEGRÉ.

O∴ DE PARIS,

LIBRAIRIE MAÇONN∴ DE A. BERLANDIER,

RUE DE L'ÉPERON, 7.

—

5847.

AVIS

AUX VÉNÉRABLES.

Il est nécessaire que ce cahier soit étudié d'avance par le Vén.·.,
afin qu'il puisse le lire avec le ton et l'expression convenables, surtout
dans les parties dialoguées qui regardent le système du monde physique et moral.

DISPOSITIONS PRÉALABLES POUR LE CÉRÉMONIAL.

Sur une table ornée et sur un coussin placés devant l'autel du premier Surveillant
est le modèle du Temple, peint et roulé sur une tringle de bois, dorée et enrichie de
pommes d'or à ses extrémités.

Sur une autre table et sur un coussin placés devant l'autel du deuxième Surv.·.
sont les instruments de la Maç.·..

Au milieu du Temple, à quelques pas des marches de l'autel, est une table élevée de
trente-deux centimètres (un pied) du côté de l'orient, et de vingt-deux centimètres
(huit pouces) du côté du nord, recouverte d'un magnifique drap d'or orné de franges.
En tête et très-près de cette table est placé un candélabre à trois branches, muni de
ses bougies.

CAHIER

POUR

LA RÉCEPTION AU GR∴ DE COMPAGNON,

DEUXIÈME DEGRÉ SYMBOLIQUE.

ORDRE DES TRAVAUX.

OUVERT∴ — LECTURE DU PROCÈS-VERBAL DE LA DERNIÈRE SÉANCE DE COMPAG∴ INTRODUCTION DES VISITEURS. — LE VÉN∴ LES SALUE SOLENNELLEMENT, LES REMERCIE, COMPLIMENTE ET ENCOURAGE. — CHACUN PREND PLACE.

(Lorsque le silence est établi, le Vén∴ frappe un coup, et prononce le discours préliminaire suivant :)

DISCOURS PRÉLIMINAIRE.

MM∴ FF∴,

Nous allons nous occuper de la réception annoncée par la pl∴ de convocation. Nous avons dit que cette récep∴ se ferait à la manière des anciens philosophes; nous craignons que l'on n'ait trouvé quelque ambition dans cette annonce. Nous vous prions de n'y voir que l'effort d'un zèle qui vous est dû, et que réclame impérieusement la Maçonn∴ Que faisaient les anciens philosophes? Ils cherchaient, ils enseignaient la vérité. Nous tâcherons de les imiter, ou plutôt nous ne parlerons que d'après eux. Nous savons bien que des philosophes modernes l'ont aussi cherchée et trouvée, cette vérité, mais les doctrines des anciens ont quelque chose de plus calme, de plus fixe dans leurs principaux points, quelque chose de plus consacré par l'assentiment et l'expérience des siècles, tandis que les doctrines modernes, enviées et décriées par les contemporains mêmes, sont plus orageuses et plus sujettes à contradiction.

Socrate est mort, *Épictète* est mort : leurs disciples dorment en paix dans la tombe : on ne songe plus à les tourmenter ; mais la cendre des philosophes modernes n'est pas aussi tranquille.

C'est à nous, mes FF.·., à la respecter. Un temps viendra sans doute où la lumière ne blessera plus les yeux des mortels.

Ainsi donc, ne nous accusez pas d'orgueil pour avoir dit que nous marchions sur les traces de nos anciens maîtres. Ces maîtres vous sont connus comme à nous ; c'est un bonheur de se trouver pour un moment ensemble à l'école de ceux qui sont la gloire et la lumière éternelle du monde.

RÉCEPTION.

(Après ce discours, le Vén∴ continue ainsi :)

Mes FF∴, les premier et deuxième Surv∴ m'ont fait demander une augmentation de gages pour les App∴ dont je vais vous donner les noms et qui ont été reconnus mériter cet avancement.

Ces App∴ sont..... N. N.

F∴ Exp∴, transportez-vous auprès des Récip∴; vous m'apporterez la déclaration qui doit précéder leur introduction dans le temple.

(L'Exp∴ sort.)

Mes FF∴, je vous demande la plus grande attention pour ce qui va vous être rapporté par l'Exp∴.

(L'Exp∴ rentre, tenant à la main la déclaration qui suit :)

« Vén∴, premier et deuxième Surv∴, et vous tous, mes FF∴, les Néoph∴ qui vont se présenter ont rempli les conditions qui leur étaient imposées.

« Ils se sont retirés chacun séparément dans un lieu solitaire pour y réfléchir sur la vie humaine.

« Chacun d'eux vous nommera les ouvrages des anciens philosophes qu'il a lus, et dira comment il s'est pénétré des maximes des grands Maît∴.

« Ils reconnaissent plus que jamais le prix de la science et de la vertu.

« Chacun d'eux a donné à deux infortunés de quoi vivre pendant un jour. »

(*Suivent les signatures.*)

LE VÉN∴ : Tels sont, mes FF∴, les moyens par lesquels les vrais Maç∴ poussent leurs App∴ vers l'étude et la pratique des bonnes œuvres.

Dans la *Maît∴*, nous exigeons davantage, et nous ne trouvons aucun Récipiendaire qui ne soit content et heureux de remplir nos conditions.

F∴ Exp∴, faites entrer les App∴ dans l'ordre et le recueillement convenables. Un seul fera les voyages; les autres resteront debout entre les deux Col∴, rangés sur une ligne circulaire.

Mes FF.·., silence, respect, attention, voilà ce que demande la Maçonn.·. pour toutes les cérémonies qui nous rassemblent. C'est un des meilleurs moyens d'honorer nos institutions et de nous faire honorer nous—mêmes.

(On frappe à la porte du Temple en App.·.. Les Surv.·.. avertissent le Vén.·., qui dit :)

Voyez qui frappe.

Demandez à ces App.·. si leurs Maît.·. sont contents d'eux et s'ils se croient véritablement en état d'être promus au grade qu'ils désirent.

Faites—les entrer par les pas d'App.·..

Debout, le glaive en main, sans être à l'ordre.

FF.·. App.·., vos Surv.·. ont demandé pour vous une augment.·. de salaire. Ils ont rendu témoignage de votre conduite et de votre amour du travail. Nous allons vous admettre aux Épr.·. de Comp.·..

(A la L.·.)

Asseyez—vous, mes FF.·..

F.·. A., avancez ; placez—vous en tête des App.·., je vous désigne pour les voyages.

Vous tous App.·., tenez—vous prêts à répondre aux questions qui vous seront adressées.

F.·. A., qu'avez—vous fait depuis votre Réc.·. d'App.·. pour augmenter vos lumières et contribuer à la prospérité de l'Ordre?

Quels philosophes anciens avez—vous lus ?

F.·. B., quels seraient, selon vous, les meilleurs moyens à suivre pour que la Maçonn.·. imprimât du respect aux Maç.·. et même aux profanes ?

(Si la réponse du Néoph.·. n'est pas satisfaisante, le Vén.·. dit :)

Il faudrait que chaque Maç.·. tînt le serment qu'il a fait de se respecter toujours lui—même, d'aimer, de respecter et de secourir ses FF.·..

F.·. C., développez le plus succinctement que vous pourrez les idées que vous vous êtes formées de la Maçonn.·. et des avantages que les hommes peuvent en tirer.

(Après la réponse du Néoph.·., le Vén.·. dit :)

La Maçonn.·. est le lien général entre les hommes, de quelque pays, de quelque religion qu'ils soient. C'est un refuge dans les tempêtes et les maladies de l'ordre social.

Faites asseoir les App.·..

Mes FF.·., dans les Récep.·. d'App.·., vous avez dû remarquer qu'on procède par des *épr.·.* et par des *questions*, afin de connaître l'esprit et le caractère du Néoph.·.; et, en effet, par ces épr.·., nous savons s'il est instruit ou dépourvu de connaissances, s'il est franc ou dissimulé.

Nous le connaissons par ce qu'il dit et par ce qu'il sait; nous savons ce qu'il aimera, ce qu'il haïra; ce que pourront sur lui les préjugés, les temps, les circonstances.

Nous savons s'il tiendra ses serments à l'amitié, à la Maçonn.·., ou s'il les abandonnera.

Voilà ce que nous apprennent les premières épr.·., et il n'est pas un assistant qui s'y trompe.

Dans le Grad.·. de *Comp.·.*, on procède par la voie de l'*instruction;* c'est-à-dire qu'on développe d'une manière positive des notions propres à élever et fortifier la pensée de l'homme, à lui apprendre à se connaître lui-même et à comprendre ses rapports avec les choses qui l'environnent.

C'est par ce moyen que l'on commence à lui développer une partie du *secret* de la Maçonn.·.; ce secret si demandé, si recherché, si rarement compris, et qui fait, quand on le possède tout entier, le bonheur ou du moins la consolation de la vie.

Mais il faut du travail, mes FF.·., et de la persévérance pour obtenir ce précieux secret. La Maçon.·., semblable au champ du laboureur, ne livre son trésor qu'aux mains courageuses qui savent le chercher.

Cherchez, vous trouverez.

(Le Vén.·. frappe un coup et dit :)

FF.·. Exp.·., apportez le modèle du Temple et les instruments qui ont servi à sa construction ; et vous tous, MM.·. FF.·., debout et à l'ordre, maillets battants, saluez d'un triple applaudissement les instruments du Travail et le Temple qu'ils ont bâti.

(Triple appl.·.)

(Les Experts vont chercher les objets qui se trouvent devant les autels des Surveillants. Le premier Exp.·. apporte et déroule sur le drap d'or le tableau de ce Temple.)

(Le deuxième Exp.·. apporte le coussin où sont les instruments de la Maç.·. et le pose au pied du Temple. Les deux Exp.·. se retirent. Le premier Maître des cérémonies monte vers le Vén.·. avec un flambeau ; il donne la main au Vén.·. et descend avec lui vers le sommet du Temple.)

(Le Vén.·. allume le candélabre en disant :)

Mes FF.·., augmentons la lumière pour ces FF.·. App.·.. A l'éternel auteur de la lumière et de la vérité !

(Appl.·.. Le Vén.·. remonte au trône.)

Asseyez-vous, mes FF.·..

F.·. A, et vous tous, App.·., considérez sur le tableau qu'on vous a mis sous vos yeux l'image d'un temple matériel.

Regardez le genre de son architecture, de ses ornements et des allégories qu'il présente. C'est l'emblème de l'édifice moral à la conservation duquel vous êtes appelés à travailler à votre tour.

Ce Temple a toute l'antiquité du monde. Celui qui l'a construit vous a donné les qualités nécessaires pour en connaître les perfections.

Les Sages et les Maît.·. de tous les siècles l'ont visité ; ils ont mis leurs soins à augmenter sa splendeur.

Des ouvriers habiles, dont les noms vous sont déjà connus : *Zoroastre, Confucius, Salomon, Socrate, Platon, Zénon, Épictète, Marc-Aurèle,* et beaucoup d'autres, l'ont enrichi des trésors de leur génie. Les fragments de leurs travaux subsistent encore ; nous les conservons avec respect.

App.·., asseyez-vous.

L'intérieur de ce Temple se divise en plusieurs parties, où l'on enseigne graduellement tout ce que l'homme peut apprendre pour améliorer son être.

Ici, c'est la science du ciel, des astres et des phénomènes de la nature.

Là, c'est la connaissance du cœur de l'homme, l'histoire de ses passions, de ses vices, de ses vertus.

Plus loin, le remède à ces mêmes vices, le perfectionnement de la raison et l'amour de la vérité.

Vous apprendrez, lorsque vous serez plus avancés dans la Maçon.·., quel maître habile et parfait a construit ce monument. Vous apprendrez aussi quel affreux complot fut ourdi pour opérer sa destruction, pour faire périr l'architecte lui-même et ses plus fidèles ouvriers.

En attendant, vous allez en examiner attentivement les dehors.

Il n'est pas permis aux App.·. ni aux Comp.·. de pénétrer dans l'enceinte, mais vous serez obligés d'en faire cinq fois le tour , afin de mieux connaître le mérite de chaque partie et, par conséquent, la perfection de l'ensemble.

Ces cinq voyages figurent les cinq années exigées des Comp.˙.. Ce terme n'est pas trop long pour acquérir les connaissances qui leur sont nécessaires ; un ouvrier trop ardent, trop pressé d'agir, est exposé à commettre des fautes et des erreurs dans son travail.

Pythagore, qui était un de nos anciens Maît.˙., exigeait cinq années de silence de ses disciples, afin que, fortifiés par la méditation et l'expérience, ils fussent plus en état d'enseigner à leur tour et plus dignes d'être écoutés.

App.˙., levez-vous.

Vous voyez au pied de ce Temple les instruments dont il faut faire usage. Ce sont : le *maillet*, le *ciseau*, la *truelle*, la *règle*, le *levier*, l'*équerre* et le *compas*. On va les mettre successivement en vos mains pour vous apprendre à vous en servir.

(Le Vén.˙. frappe un coup.)

F.˙. Exp.˙., donnez au Récip.˙. le maillet et le ciseau; faites-lui faire le premier voyage, et conduisez-le vers le midi.

(L'App.˙. fait le premier voyage.)

(Les premier et deuxième Surv.˙. frappent et disent :)

Vén.˙., le premier voyage est fait.

(L'App.˙. s'assied.)

Le Vén.˙.. Ce premier voyage signifie la première année de votre comp.˙., qui doit être employée à connaître la qualité des matériaux et la manière de les tailler.

Vous comprenez combien est important le choix des matériaux, quel que soit l'ouvrage que vous entrepreniez.

Je vous ai exposé au *midi*, pour vous apprendre à supporter les fatigues et le poids du jour sans vous rebuter.

(Le Vén.˙. frappe un coup.)

Donnez à l'App.˙. le *compas* et la *règle* , et faites-lui faire le deuxième voyage.

App.·., considérez l'édifice depuis la base jusqu'au sommet.

(Le deuxième voyage se fait.)

Le Vén.·.. La règle et le compas donnent des lignes et des mesures exactes.

Le compas prouve la justesse des parallèles : il trace le *cercle*, la plus parfaite des figures ; il en montre le centre, il atteste l'égalité des rayons, la valeur du diamètre et, par conséquent, celle de la circonférence. Sans la règle et le compas, nulle colonne ne pourrait s'élever, et l'architecture serait privée de ses plus beaux ornements.

Quels noms portent les deux colonnes qui soutiennent le frontispice ? Lisez :

(L'App.·. lit : *Science*, *Vertu*.)

Le Vén.·. : *Science*, *Vertu !* Oui, mes FF.·., ne l'oubliez pas, science, vertu !

(Le Vén.·. frappe un coup.)

App.·., prenez une *règle* et un *levier*, et faites le troisième voyage.

(Le troisième voyage se fait.)

Le Vén.·.. Dans le troisième voyage, l'App.·. commence à soulever des fardeaux, à les placer où il lui plaît, c'est-à-dire que son esprit, devenu plus robuste par l'exercice, attaque et coordonne des pensées plus importantes.

Le frontispice que vous voyez ne représente-t-il pas un triangle ?

(L'App.·. répond : *Oui*.)

Oui, mes FF.·., le triangle est un signe révéré dans tous les siècles. Vous saurez plus tard ce qu'il signifie. Souvenez-vous que les deux Col.·. qui le supportent sont la *Science* et la *Vertu*.

(Le Vén.·. frappe un coup et dit :)

Faites le quatrième voyage, avec l'*équerre* et la *règle*.

Maintenant l'entendement s'est agrandi ; mais l'équerre et la règle sont toujours indispensables pour mettre tout d'aplomb. La vraie science est toujours exacte ; c'est par là qu'elle est toujours intelligible et profitable. La science obscure et embarrassée n'est faite que pour ceux qui mentent et qui trompent.

Marchons en avant.

Considérez les cinq degrés destinés à monter au Temple dont vous venez de faire le tour. Chacun de ces cinq degrés est l'emblème d'une des conditions nécessaires pour en obtenir l'entrée.

Quels noms lisez-vous sur ces deg.·.? Dites-les tout haut, et commencez par la base.

(L'App.·. lit :)

Oui, mes FF.·., la première condition est l'*intelligence ;* la deuxième, la *droiture ;* la troisième, le *courage ;* la quatrième, la *prudence ;* et la cinquième, l'*amour* de l'*humanité.*

Et remarquez l'ordre progressif de ces conditions :

L'*intelligence* pour comprendre ; la *droiture* pour diriger l'*intelligence ;* le *courage* pour agir ; la *prudence* pour guider le *courage ;* et l'*amour* de l'*humanité,* qui se compose de la *prudence,* du *courage,* de la *droiture,* et de la *véritable intelligence.*

Vous sentez-vous en état de monter ces cinq deg.·.?

Appelez donc à vous cette intelligence, la première de nos conditions, et souffrez qu'on la soumette à des épreuves qui vous révèlent à vous-mêmes sa force, ou le besoin qu'elle aurait de se perfectionner. Les autres qualités se développeront d'elles-mêmes à la suite de ce premier examen.

Contemplez de nouveau la façade de cet édifice ; portez vos regards sur le grand triangle ; voyez cette étoile d'où s'échappe un feu qui ne s'éteint jamais, nous l'appelons l'*étoile flamboyante.* Remarquez la lettre *G* au milieu de l'étoile.

Que veut dire ce signe ? Nous allons vous l'apprendre.

Cette lettre *G* signifie *Génie, Géométrie, Puissance, Nature, Fécondité ;* GENERARE, GUBERNARE. C'est le monogramme du G.·. A.·. des mondes, de celui qui a construit le Temple et qui nous a dit : Vous êtes tous mes enfants, venez ici, aimez-vous en frères, mon Temple ne périra point.

Génie ! Géométrie ! Fécondité ! Puissance !

Que voulez-vous davantage ? Que faut-il de plus pour l'établissement et pour la durée des choses ?

Quand tout se meut, quand tout s'agite et se conserve dans un ordre
invariable; quand tout reste et ne fait que changer de forme, quand tout
meurt et renaît, sans qu'il y ait un atome de moins ni de plus à la fin qu'au
commencement; quand tout est balancé, pondéré, de manière qu'un équi-
libre absolu subsiste dans les éléments qui composent l'ensemble; voilà,
vous en conviendrez, tout ce que l'on peut demander au génie le plus puis-
sant, à la géométrie la plus rigoureuse et la plus parfaite.

Or, ce Génie existe, puisque son ouvrage existe. Son ouvrage est impé-
rissable, puisque rien ne périt.

App.·., étudiez, admirez l'ordre éternel des choses. Mais par quels
moyens cachés l'architecte met-il en jeu tant de ressorts admirables?

Ces moyens ne sont pas si cachés, mes FF.·., qu'on ne puisse les connaître en grande partie. C'est à vous de scruter, d'interroger la nature. Son
livre est ouvert; mille écoles sont chargées de l'expliquer. Dans mille écoles,
on enseigne la *cause* et l'*effet*. On opère devant vous la décomposition et la
recomposition des éléments; vos yeux voient, vos mains touchent, votre
esprit comprend et jouit de toutes les lumières de l'évidence.

Étudiez, App.·., étudiez; c'est le seul moyen de savoir.

Mais le monde physique ne sera pas votre seule affaire. Il est un monde
plus élevé, et cette étoile qui brille nous avertit de vous en parler.

Que veut dire cette étoile?

Mes FF.·., le monde existe dans un ordre merveilleux; mais l'homme
existe aussi et n'en est pas la merveille la moins grande. Cette étoile est le
flambeau qui doit le guider; c'est l'emblème de son âme, de cette portion
de feu sacré, éternel, qui fait tout vivre, qui éclaire tout, conserve tout; qui
crée l'amour, l'amitié, la science, le courage, la vertu, la vérité.

C'est une portion de Dieu que chacun porte en soi, et qui fait de l'homme
le plus noble des êtres, quand il sait conserver sa dignité.

C'est à la clarté de ce flambeau qu'on a lu pour la première fois ces paroles :

« *Dieu a fait l'homme à son image.* »

Voilà, mes FF.·., ce que dit cette étoile.

Maintenant, quel est l'homme qui ne devrait honorer, respecter son semblable comme une émanation de l'esprit divin?

Je m'arrête, mes FF.·.; je vois ce qui se passe dans votre âme. Je la vois embrasser avec ardeur les sentiments qui nous inspirent; mais j'entends aussi un murmure qui s'échappe, comme malgré vous, du fond de votre cœur.

Oui, dites-vous, l'homme devrait être grand, aimant, heureux!... Quel bouleversement, quelle terrible révolution ont donc changé ses destinées?

Comment l'homme est-il déchu de sa gloire? Qui a défiguré, avili, brisé l'image de Dieu?

Tristes et douloureuses questions que la moitié de l'Univers fait les larmes aux yeux!... questions renouvelées sans cesse et auxquelles nous ne pouvons répondre qu'en renvoyant à l'histoire même des malheurs du monde, où sont inscrits les noms de ceux-là qui ont trahi l'homme et déshonoré leurs semblables.

Cette histoire est celle de toutes les nations; elle est écrite dans toutes les langues. Prenez-la, étudiez, voyez, instruisez-vous. C'est pour connaître la lumière que vous avez embrassé la Maçonn.·..

Mais, en attendant les grandes leçons de l'histoire, des App.·. ne pourraient-ils avoir au moins des idées générales des *causes* et des *effets* de tout ce qui les environne?

Si l'homme est déchu, diront-ils, le monde physique l'est donc aussi, car il présente partout des imperfections désolantes.

Pourquoi les *tremblements de terre?* les *volcans?* les *tempêtes?* les *inondations?* les *contagions?*

A quoi sert le poison de la *vipère,* la *rage du tigre* et cette *guerre éternelle* que la nature semble se livrer à elle-même, comme pour nous dire qu'elle ne peut subsister que par la destruction.

Mes FF.·., nous ne le dissimulerons pas, dussiez-vous en être surpris, ce que dit la nature est la vérité. La nature ne ment point; mais on l'accuse au lieu de la comprendre, on s'attriste au lieu de s'instruire.

Eh! de quoi vivrait-elle si elle ne vivait de sa propre substance?

Si le mouvement et le changement de formes vous paraissent un désordre, est-ce sa faute? Empêche-t-elle que vous ne vous éclairiez?

Vous souffrez!... instruisez-vous, vous souffrirez peu. Sortez de cet étonnement que l'ignorance donne et qu'elle perpétue pour se perpétuer elle-même.

Songez que les terreurs ont toujours fait la fortune du mensonge; osez combattre les ténèbres qui vous environnent.

L'homme, à la guerre, affronte les dangers et s'en fait gloire; n'oserait-il affronter les fantômes du mensonge, quand son bonheur en dépend?

Sans doute, il y a des tempêtes, des incendies, des contagions; mais l'examen vous dit que ces accidents sont le résultat des lois nécessaires à l'existence même du monde.

Il y a des tempêtes, des incendies, des contagions, comme dans votre corps il y a du *sang*, de l'*air*, des *humeurs* qui circulent et qui fermentent. Supprimez-les, arrêtez-les seulement, vous êtes mort.

Mais la mort elle-même est effroyable!

La mort!... en est-il de réelle, d'absolue? Avez-vous oublié la destinée de l'âme? Ne savez-vous pas qu'elle ne peut mourir?

Si l'âme mourait, comment le monde existerait-il, puisqu'elle est le Dieu qui l'entretient?

Concevez-vous donc les choses sans les *éléments* qui les constituent? Concevez-vous le monde sans *feu*, sans *air*, sans *mouvement*?

Non, certainement.

Eh bien! les éléments, ces *causes premières*, comme on les appelle, ces *causes constituantes*, n'ont-ils pas nécessairement leurs effets? Ces effets ne sont-ils pas la vie, et la vie n'est-elle pas le mouvement?

Et ce mouvement, résultat des causes premières, n'a-t-il pas aussi ses *effets* qui deviendront à leur tour les *causes secondes* d'effets et de mouvements de toute espèce?

Le feu, par exemple, l'eau, l'air, la terre produiront les fruits qui vous nourrissent; ces fruits reviendront sans cesse, et alors vous admirez la nature ainsi que l'âme qui la féconde.

Mais le feu a brûlé votre maison ; les pluies, les torrents l'ont entraînée !... votre père, vos enfants ont péri !...

Voilà certainement des malheurs ; mais qu'y peut faire la nature ? S'est-elle chargée de conserver votre maison ? Est-ce elle qui l'a bâtie sur le bord d'un fleuve ou sur la pente d'un rocher ?

Faut-il, pour satisfaire vos intérêts particuliers, que le soleil ne pompe plus les mers pour arroser la terre ?

Peut-elle faire que le feu ne brûle pas, que l'eau n'ait plus de fluidité, ni l'air d'action ?

Non, elle vous a donné des sens pour vous avertir ; elle vous a donné la raison pour vous guider : c'est tout ce qui était en son pouvoir (1).

Mais les maladies !... les poisons !... la rage du tigre !... Les maladies !... l'homme est-il de fer ? N'a-t-il pas des organes attaquables par les éléments ? et le fer lui-même est-il à l'abri des influences extérieures ?

Si l'homme était de fer, que deviendrait sa sensibilité ?

Son corps est-il immortel, invulnérable ? Non ; tels ne sont pas ses priviléges. Pourquoi ? Parce qu'il y aurait contradiction dans les lois de la nature, et que la nature n'admet point de contradictions.

Mais les poisons ?

Ce qui constitue les *poisons* est nécessaire dans le système universel comme la dissolution est nécessaire à la recomposition. Il faut une portion de poisons pour changer nos aliments en sang, en chair et en os. C'est le *fumier* qui fait croître le froment, les fleurs, les fruits les plus beaux.

Les poisons, ou pour mieux dire cette substance qui, prise à une trop forte dose, donne la mort, est répandue dans toute la nature. Il est des plantes, des arbres, des animaux chargés par elle d'en recueillir l'excédant. Ces plantes, ces arbres, ces animaux sont dangereux, mais le danger serait plus grand s'ils n'existaient pas ; l'homme respirerait un air trop malfaisant. L'homme les connaît, c'est à lui de les éviter.

(1) « Accepit mundus legem : dedit arma per omnes, admonuitque sui. » (OVIDE, *Halieuticon.*)

Étudiez, étudiez, mes FF.·.; toutes ces choses sont faciles à comprendre. Mais enfin, la rage du tigre, des bêtes féroces?

Est-ce à l'homme de faire ces objections, lui qui mange l'innocent agneau, la colombe timide, qui engloutit, pour ainsi dire, tout ce qui a vie sur la terre, dans l'air et dans les mers?

Mais, encore une fois, cette extermination réciproque et générale n'est-elle pas elle-même le désordre le plus complet, le chef-d'œuvre de l'impéritie la plus terrible, la plus délirante?

O mes FF.·.! je vous l'ai déjà dit, n'accusons pas la nature, et voyons comment nous aurions fait nous-mêmes, si nous avions été chargés d'organiser une création qui dût se reproduire sans relâche, et se servir à elle-même d'aliment éternel.

Étudiez, étudiez; vous n'êtes encore que sur la première marche du Temple : vous en saurez davantage, lorsque vous aurez pénétré dans le sanctuaire.

Levez-vous, App.·..

(Le Vén.·. frappe un coup.)

Faites le cinquième voyage. Il est temps de rebâtir ; prenez la *truelle*.

(Aux autres App.·..)

App.·., suivez votre F.·. ; emportez tous les instruments des Maç.·.; vous connaissez une partie de votre métier, allez apprendre l'autre.

(Tous les App.·. prennent chacun un instrument et suivent leur
camarade, précédés du Maît.·. des cérémonies. Le cinquième
voyage se fait. Lorsqu'il est terminé, le Vén.·. dit :)

Asseyez-vous, reposez-vous.

Mes FF.·., l'intelligence et le courage sont deux de nos conditions pour travailler avec fruit : l'attention et la patience en dérivent ; je les réclame de vous.

Mes FF.·., la Maçonn.·. comme le monde se partagent en deux : le monde et la Maçonn.·. *matériels*, le monde et la Maçonn.·. *intellectuels*.

Nous venons de parler de la *matière*, parlons de l'*esprit*, c'est-à-dire du système moral qui en dérive et qui n'en saurait être séparé.

Si le monde physique vous afflige, que dirons-nous du monde moral?

Nous expliquerons les tempêtes, les incendies, la rage du tigre, le poison de la vipère et du serpent; mais les passions de l'homme, plus funestes que tous ces fléaux, l'*hypocrisie*, la *haine*, le *mensonge* et l'*ambition*, qui produisent tous les crimes, qu'en dirons-nous?

La Maçonn.·., mes FF.·., en gémit, et ne les excuse pas. Elle en indique la source, peut-être le remède, et c'est pour cela qu'il faut l'étudier, la connaître à fond.

D'où viennent tous ces vices?

Nous répondrons : De la nature même de l'homme.

De l'homme, l'enfant d'une intelligence suprême!...

Oui, mes FF.·.; écoutez :

L'homme naît libre ; entendez-vous ce mot : l'homme naît libre?

Par conséquent, il peut faire le *bien*, il peut faire le *mal*.

Il naît libre; vous ne pouvez le contester; car, s'il ne naissait pas libre, il serait une pierre brute, un être sans volonté, sans mouvement; il ne serait plus un homme ; et chacun de vous sent qu'il a sa volonté, sa pensée, et qu'il n'est pas l'esclave d'une puissance aveugle; témoin ceux qui, touchés du malheur d'autrui, donnent leur bien pour le soulager ; qui choisissent un ami, une épouse, qui adoptent un art, une profession, ou qui, fatigués de la vie, se donnent la mort pour terminer leurs maux (1).

L'homme naît donc libre.

Mais l'homme libre peut faire le *mal* comme il peut faire le *bien*.

Le bien d'abord : assez d'exemples l'attestent pour l'honneur de l'humanité ; témoin les grands législateurs, c'est-à-dire les législateurs probes et honnêtes qui ont fondé leurs lois sur la justice et la raison, qui ont cherché à perfectionner l'homme, qui ont respecté les droits et la liberté des peuples ;

---

(1) Voyez, au sujet de ce passage, la note de la page 81 des *OEuvres maçonniques* du F.·. Des Étangs, publiées chez A. Berlandier; Paris, 5847.

témoin les sages, les philosophes de toutes les classes, depuis le prince jusqu'au simple soldat, qui ont sacrifié leur vie pour la vertu, pour la patrie :
et le nombre en est immense.

L'homme peut donc faire le bien.

Mais il peut faire le mal !

Hélas ! trop de calamités, trop de monuments l'attestent ! Combien d'op-
presseurs, de tyrans, de traîtres, de fourbes de toute espèce ont trompé,
ensanglanté la terre !

Ce qu'il y a de plus terrible, c'est que le génie d'un seul suffit pour épou-
vanter des siècles ; et tel est l'effroi qu'ils inspirent, qu'en ce moment même
où nous déplorons les misères de l'homme, il semble que leurs regards
plongent sur nous, comme pour nous menacer de supplices, si nous osions
révéler leurs forfaits !

O mes FF∴ ! souvenons-nous encore ici que le courage est une des
conditions qui nous sont imposées pour entrer dans le Temple du G∴ A∴
de l'Un∴

Et c'est une des grandes preuves de la divinité de notre âme que cette
horreur même qu'elle éprouve à l'aspect du triomphe de la perversité.

Mais comment l'homme, qui devrait toujours être bon, peut-il devenir
méchant?

Parce qu'il naît faible en même temps qu'il naît libre ;

Parce que deux routes s'ouvrent devant lui presque en naissant : celle de
la *vérité* et celle du *mensonge*.

Il choisit, parce qu'il est libre.

Il se trompe, parce qu'il est faible ; il se trompe, parce qu'on le séduit.

Et qui donc le séduit ?

Les vices qui naissent de la faiblesse même : la vanité, l'orgueil, un amour
exagéré et mal entendu de soi ; l'envie enfin de posséder, de dominer.

La vérité donne peu d'avantages ; le mensonge comble de biens ; ses pres-
tiges sont innombrables, et la faiblesse de l'homme s'y laisse prendre.

Mais pourquoi l'homme naît-il faible?

Parce que la faiblesse est la condition nécessaire de tout ce qui vient à la vie : de la plante, de l'arbre, des animaux, du roseau comme du chêne, de l'agneau comme du lion sauvage.

Pour ne pas naître faible, il faudrait naître avec toutes les proportions qui constituent la force ; il faudrait que le chêne sortît de terre haut de cent coudées ; que le lion naquît grand et tout prêt à dévorer sa proie ; et l'homme, comme *Minerve*, armé de la lance et du bouclier.

Mais alors la naissance elle-même deviendrait impossible ; car comment le lion et l'homme, grands et forts comme la mère qui leur donnerait le jour, pourraient-ils être contenus dans les flancs destinés à les porter? Et d'ailleurs encore, quand ce miracle arriverait, il faudrait donc que les nouveau-nés n'éprouvassent jamais de changement dans leur être ; qu'ils ne mourussent point, qu'ils restassent éternels ; car, pour mourir, il faut vieillir, perdre ses forces, devenir faible et tomber; à moins qu'on n'exigeât qu'un homme plein de santé disparût en un clin d'œil, comme frappé de la foudre, ce qui serait aussi absurde que cruel!

Donc, l'homme ne peut naître autrement que faible, et, par conséquent, avec toutes les conditions qui accompagnent la faiblesse.

Faudrait-il naître enfin (car épuisons toutes les questions, puisque toutes se font), faudrait-il naître sans père ni mère, sans germe préexistant, les hommes comme les animaux?

Mais alors où serait l'occasion de naître? Qui la déciderait? Quel serait le lien des êtres? Que deviendrait l'attrait divin qui porte l'un vers l'autre tous ceux qui respirent? Il n'y a plus de tendresse, plus d'amour, plus de reconnaissance, plus de bonheur; tout s'isole, se glace, devient stérile, meurt et s'anéantit : c'est le rocher brut, insensible; que dis-je? c'est le néant; c'est le dernier terme de l'absurde et de l'impossible.

La raison, mes FF.·., repousse toutes ces exigences, toutes ces suppositions; la raison, plus forte que le corps de l'homme, prend l'homme tel qu'il est. Il naît faible, mais il peut être bon; c'est à la raison à le gouverner.

La *vérité* existe; c'est à la raison à la lui montrer.

Le *mensonge* existe aussi; c'est à la raison à le lui faire connaître; et, tout-puissant qu'il paraît, il est assez hideux pour faire horreur; il a produit assez de maux pour que chacun travaille à détruire son empire.

Voilà, mes FF∴, le but, le devoir qui vous sont imposés : haïr le mensonge et chercher la vérité; haïr le vice et chercher la vertu. C'est la première de nos lois.

C'est la base de toutes nos lois : sans elle, le Temple croule, les ouvriers sont dispersés; il n'y a plus que ténèbres et confusion sur la terre.

Vous chérirez la Maçonn∴, parce qu'elle rappelle les règles oubliées, parce qu'elle rassemble les matériaux épars, et reconstruit sans cesse l'asile si nécessaire à la sagesse et à l'humanité.

Vous en connaîtrez l'excellence à mesure que vous avancerez en grade; et déjà vous pouvez voir qu'elle s'occupe d'objets aussi graves que quelque école profane que ce soit, avec cet avantage de plus qu'elle porte l'homme au bien par des motifs puisés dans son propre cœur et dans son intérêt véritable.

(Le Vén∴ se repose un moment, puis continue ainsi :)

Mes FF∴, nous avons parcouru le cours assez difficile du système physique et du système moral. Nous n'avons fait qu'effleurer la matière. L'étude vous apprendra le reste.

Aujourd'hui que faut-il conclure?

Que, dans l'*ordre physique,* toutes choses sont comme elles doivent être et qu'elles ne sauraient être autrement qu'elles ne sont, sous peine de n'être pas;

Que, par conséquent, l'homme raisonnable, le vrai Maç∴, après avoir jugé les *causes* et les *effets,* admire la nature, se soumet à ses lois, et, loin de s'irriter, bénit le G∴ A∴ de l'Univ∴ qui lui a donné une âme capable de trouver la paix dans la vérité.

Que conclure? Que, dans l'*ordre moral,* l'homme est libre de faire le mal et de faire le bien ;

Que le malheur, la honte, les dangers, les remords et presque toujours le châtiment poursuivent celui qui fait le mal, quelles que soient sa force et sa puissance, et qu'au contraire, la gloire véritable, le contentement de soi,

4

l'estime des autres, le bonheur d'autrui, le sien propre, naissent du bien que l'on fait.

Que conclure enfin?

Qu'il n'y a pas à balancer entre l'un et l'autre parti; qu'il faut faire le bien et éviter le mal;

Que, si les fourbes et les méchants s'opposent à vos efforts, la Maçonn.·. vous offre des armes pour les combattre; et ces armes sont : l'*intelligence*, la *droiture*, la *prudence*, le *courage*, l'*amour de l'humanité*.

Il n'en est pas de plus fortes, et vous le reconnaîtrez à la crainte même qu'elles inspirent aux méchants, à l'ardeur qu'ils mettent à les détruire.

Mais pourquoi ces fourbes et ces méchants, qui s'emparent de l'Univers, le troublent, le corrompent, le rendent-ils malheureux?

Voilà, mes FF.·., la grande, la terrible objection! Nous n'y répondrons pas. Le Comp.·. n'a point le privilége de tout savoir. Il est d'autres grades où de plus amples connaissances pourront devenir le prix de vos efforts.

Aujourd'hui, c'est assez : vos voyages sont terminés. Nous resterons à la porte du sanctuaire. Il ne nous est pas permis d'aller plus loin.

La constance dans la vertu peut seule vous l'ouvrir. C'est vous dire tout ce qu'il faut faire pour parvenir à ce but.

Le moment approche où vous allez être reçu Comp.·.; méditez, réfléchissez sur les devoirs que ce Gra.·. impose.

(S'adressant ensuite à la L.·. :)

Mes FF.·., joignons un instant nos méditations à celles de nos FF.·., car nos devoirs et nos engagements méritent la plus haute attention.

(Après un instant de silence, et s'adressant de nouveau aux Récipiend.·. :)

Eh bien, mes FF.·., êtes-vous résolus de vous tenir fermes sur les degrés du Temple où siégent l'*intelligence*, la *droiture*, la *prudence*, le *courage* et l'*amour de l'humanité*.

Maintenant, croyez-vous que la Maçonn.·. ait pour but unique de rendre l'homme sage, instruit, bon, courageux ?

Promettez-vous de travailler à la conservation du Temple de la Science et de la Vertu, bâti par le G∴ A∴ de l'Univ∴ ?

De n'oublier jamais que c'est pour cette œuvre glorieuse qu'on a remis en vos mains la règle, l'équerre et le compas?

(Le Vén∴ frappe un grand coup et se lève.)

Honneur et gloire à la science et à la vertu !

Debout et à l'ordre, mes FF∴! voici des App∴ dignes d'être reçus Comp∴.

Avancez, App∴, montez à l'autel ; vous allez être reçus Comp∴.

(Les App∴ sont conduits à l'autel par le Mait∴ des Cérém∴.)

App∴, votre âme s'est élevée; il ne s'agira plus dans votre serment de peines ni de supplices corporels. L'homme perfectionné connaît des liens plus nobles : l'honneur et sa parole suffisent, et vous n'y manquerez jamais.

SERMENT.

« FF∴ App∴, vous jurez sur l'honneur, devant Dieu, devant vos FF∴,
« d'être bons Comp∴, d'honorer la science, d'être fidèles à la vertu, quel-
« ques obstacles qu'on puisse vous apporter; d'aimer vos FF∴, de les dé-
« fendre et de les secourir dans leurs besoins. »

CONSÉCRATION.

A∴ L∴ G∴ d∴ G∴ A∴ d∴ l'Univ∴,

Sous les auspices du G∴ O∴ d . . .

En vertu des pouvoirs qui m'ont été conférés par ce respectable At∴, et sur la foi de votre serment, N. N. N., je vous crée et constitue Comp∴ de la L∴ d....

(Le Vén∴ frappe un coup en disant :)

Honneur à la Maç∴ !

(Puis il donne l'*accolade* à chacun des nouv∴ Compag∴, — leur communique le *mot sac*∴, — le *mot de pass*∴, leur donne l'*attouch*∴, — les *sig*∴, et leur indique la *batt*∴ du Grade.)

La *Proclamation* ayant été faite, l'orateur prononce le *Discours*; le sac des proposit∴ et le tronc de bienfais∴ circulent, et les travaux sont ensuite fermés par les mystères accoutumés.

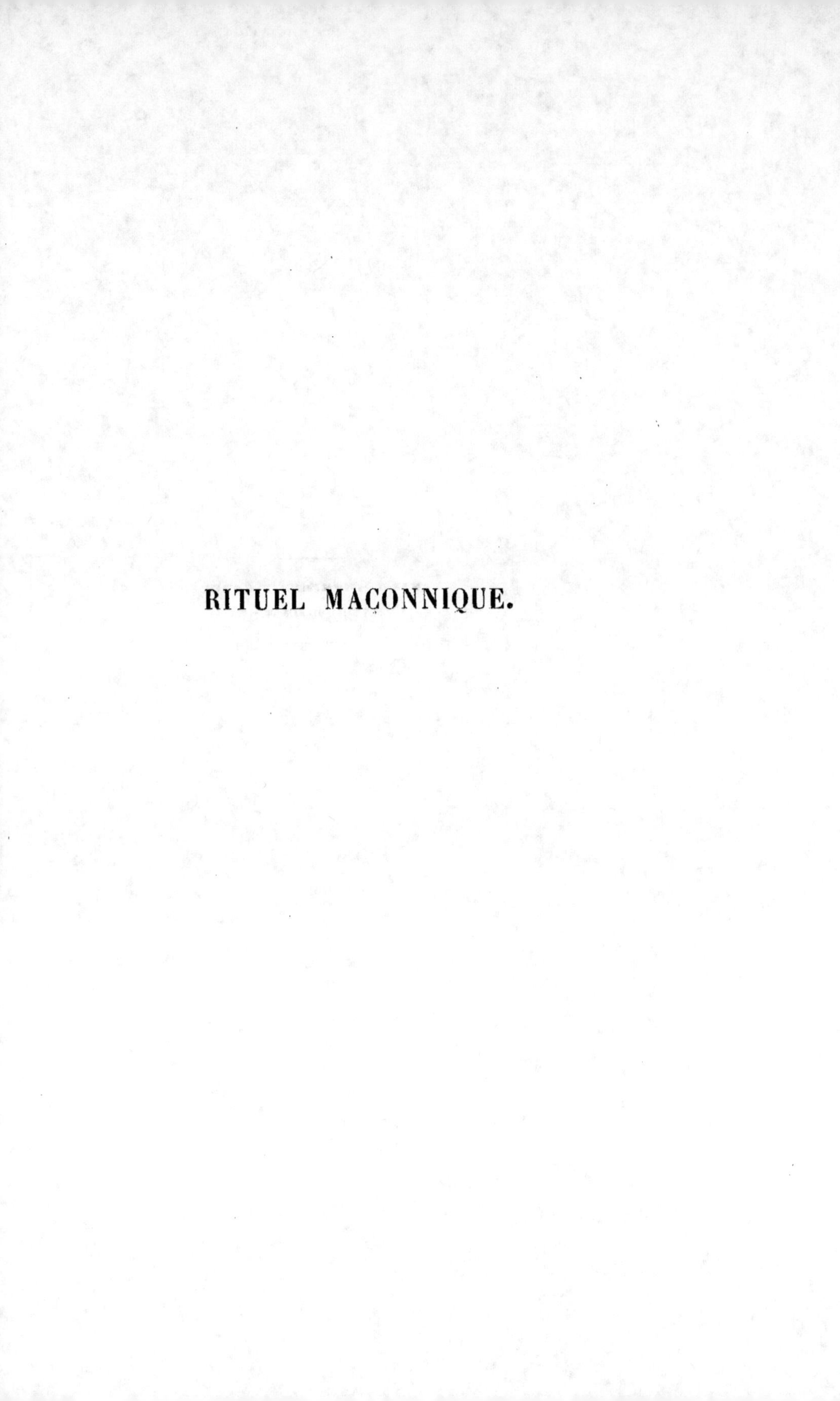

RITUEL MAÇONNIQUE.

PARIS. — IMPRIMERIE GERDÈS,
10, RUE SAINT-GERMAIN-DES-PRÉS.

LE VÉRITABLE

LIEN DES PEUPLES

ou

LA FRANC-MAÇONNERIE

RENDUE A SES VRAIS PRINCIPES,

PAR N. C. DES ÉTANGS,

ANCIEN VÉN.·. DE LA L.·. DES TRINOSOPHES, O.·. DE PARIS.

RITUEL

DES GRADES SYMBOLIQUES.

MAITRE. — TROISIÈME DEGRÉ.

O.·. DE PARIS,

LIBRAIRIE MAÇONN.·. DE A. BERLANDIER,

RUE DE L'ÉPERON, 7.

5847.

CAHIER

POUR

LA RÉCEPTION AU GR∴ DE MAITRE,

TROISIÈME ET DERNIER DEGRÉ SYMBOLIQUE.

ORDRE DES TRAVAUX.

OUVERT∴ EN LA MANIÈRE ACCOUTUMÉE. — LECTURE DU PROCÈS-VERBAL DE LA DERNIÈRE TENUE DE MAIT∴. — ENTRÉE DES VISITEURS. — LE VÉN∴ LES SALUE, ET CHACUN PREND PLACE.

(Le Vén∴ frappe un coup, puis prononce le discours suivant :)

DISCOURS PRÉLIMINAIRE.

« MM∴ Vén∴ FF∴,

« Avant que d'introduire les postulants, je crois nécessaire de vous entretenir un moment du Grad∴ que nous allons conférer. L'importance de ce Grad∴ est trop réelle pour que je ne cherche point à vous la faire apprécier; et d'abord vous le concevrez facilement, quand vous saurez que la plus grande partie de l'univers maçonn∴ n'en connaît pas de plus éminent ni de plus révéré.

« En effet, vous apprendrez bientôt qu'il contient l'abrégé des connaissances philosophiques les plus à la portée de l'homme et les plus propres à le mettre sur le chemin de l'honneur et de la vertu. On peut dire qu'il en fait un véritable maît∴ dans l'art de la vie, puisqu'il lui indique quelle est sa véritable position sur la terre et quel rôle doivent y jouer son intelligence et son courage.

« Dans le grad.·. d'*App.·.*, on procède par épreuves et par *interrogations*, afin de connaître l'esprit et le caractère du Néop.·..

» Dans le grad.·. de *Comp.·.*, on emploie la voie de l'*instruction* pour lui apprendre à se connaître lui-même et à résoudre les principales questions de l'ordre physique et moral qui peuvent inquiéter son esprit.

« Dans le grad.·. de *Maît.·.*, c'est autre chose : les instructions sont données, on passe aux conséquences; on parle à l'âme et au cœur. L'expérience sert de guide; le tableau des misères humaines se déroule; on en voit clairement la cause, et le remède n'est plus un secret. Alors le Maç.·. conçoit qu'il n'est pas né seulement pour s'instruire, mais encore pour devenir bon, courageux, magnanime. Il voit que la science seule ne produirait que des automates, plus ou moins habiles, plus ou moins dangereux peut-être, et que c'est la vertu qui crée véritablement les hommes.

« Oui, mes FF.·., voilà ce que fait bien comprendre le grade de Maît.·., quand il est conféré selon sa primitive institution ; mais malheureusement la Maçonn.·. a été défigurée dans des temps de barbarie et d'ignorance. Les traditions se sont perdues, et les vrais *mystères* ont été remplacés par des cérémonies stériles. De là vient que tant de Maç.·. cherchent le sens des choses et ne le trouvent plus, qu'ils interrogent, et, ne recevant plus de réponse, finissent par regarder la Maçonn.·. comme une institution puérile et dépourvue d'intérêt. Il importe donc de lui rendre le caractère qui lui est propre et de la dégager, en quelque sorte, des ténèbres qui l'environnent. C'est ce que nous allons tenter de faire, si vous avez la bonté de nous prêter votre attention. Ce n'est point une nouveauté que nous prétendons vous offrir; au contraire, nous ne voulons que rappeler les usages primitifs suivis par les anciens, et, pour nous servir d'une expression qui vous est connue, *remettre sur le boisseau la lumière qu'on a cachée dessous*. Du reste, mes FF.·., votre sentiment, que nous prenons pour juge, nous apprendra si nos efforts méritent ou non l'approbation des vrais Maç.·..

« Je poursuis.

« Mes FF.·., vous le savez, chaque peuple, chaque secte a ses cérémonies fondées sur des *traditions* et des *événements* qui servent de base à ses *croyances*, ainsi qu'à l'instruction qui en dérive. L'homme, jeté sur la terre, pour ainsi dire, comme au hasard, sentant qu'il est né libre et se voyant enchaîné, cherchant le bien, trouvant souvent le mal, et ne pouvant attribuer au même auteur le *mal* et le *bien*, s'imagina qu'il y

avait deux *principes* distincts, deux *puissances séparées* et perpétuellement ennemies
l'une de l'autre. C'est ainsi que, pour parler des temps les plus reculés dont nous ayons
la mémoire, les Perses eurent OROMAZE, le *bon principe*, ARIMANE, le *principe mauvais:*
que les Hébreux eurent JEHOVAH et le *serpent*, les Égyptiens OSIRIS et TYPHON, et que,
dans les temps modernes, certains peuples reconnurent le *démon* par lequel le fils du
TOUT-PUISSANT fut immolé. Toutes les législations religieuses furent établies sur des
systèmes à peu près semblables.

« Les Maç.·., qui, pour ainsi dire, forment une famille à part dans l'ordre social,
les Maç.·., qui étudient, qui cherchent la vérité, qui respectent les croyances, quelles
qu'elles soient, parce qu'ils savent bien que les peuples ne les choisissent pas, mais
les ont reçues d'autorités qu'ils ne doivent point combattre; les Maç.·., dis-je, ont
aussi leurs *traditions* et leurs *allégories*. Ils ont l'histoire de la *mort* et de la *résurrection*
d'Hyram, le parfait ouvrier, assassiné par trois *mauvais Comp.·.*, malgré les efforts de
neuf *bons Comp.·.* pour le sauver (1).

« Cette histoire, il est vrai, a été travestie, comme beaucoup d'autres, de plusieurs
manières, suivant la liberté ou l'esclavage, l'ignorance ou la lumière des siècles. Mais
les Maît.·. qui ont pris la peine de s'instruire savent bien que ce *Maît.·. parf.·.* n'est
autre chose que le *génie du bien* des anciens dans l'*ordre physique* et dans l'*ordre moral*.
Dans l'*ordre physique*, c'est le *soleil*, cet astre éclatant, qui donne la vie à toute la nature et qui fait sa révolution dans l'espace régulier de douze mois, devenus, pour ainsi
dire, ses comp.·. éternels, inséparables. Ces douze mois forment le *printemps*, l'*été*,
l'*automne* et l'*hiver*. Les neuf premiers donnent les fleurs, les fruits, la chaleur et la
lumière : ce sont les *neuf bons Comp.·.* qui aiment et veulent conserver leur maît.·..
Les trois derniers donnent les pluies, les frimas, les ténèbres; on dirait qu'ils tuent
la nature et le soleil lui-même, son conservateur : ce sont les *trois mauvais Comp.·.*.
Dans l'*ordre moral*, Hyram n'est autre chose que la *raison éternelle*, par qui tout est

(1) Cette mort n'a rien qui doive surprendre, puisque la plupart des dieux anciens et modernes
ont subi le même sort.

La ressemblance des pratiques augmente quand, chez les Maç.·., c'est le Vén.·. qui *frappe*
lui-même la victime, puisque nous voyons que, dans d'autres cultes, c'est aussi le prêtre qui
frappe, *immole* et *coupe en plusieurs parties le dieu* qu'il adore : ce sont des faits qu'on ne
peut contester.

pondéré, réglé, conservé. C'est aussi la *science*, la *justice* et la *vérité*, par lesquelles cette raison éternelle se manifeste. Les *bons Comp∴* sont les *vertus* qui honorent et servent l'humanité; les *mauvais* sont les *vices* qui la dépravent et la tuent.

« Voilà, mes FF∴, l'explication adoptée par les véritables maît∴, parce qu'elle est simple et raisonnable, et qu'elle est à la portée de tous les esprits. Ainsi donc, les Maç∴ ne professent point d'autres doctrines que celles consignées par les sages de tous les temps et de tous les lieux. Ainsi leur fiction n'est point au-dessous des autres fictions, et vous allez vous en convaincre par les cérémonies qui vont avoir lieu.

« C'est l'habitude de tous les peuples, vous le savez encore, de mettre en scène l'histoire des auteurs de leurs *dogmes* : nous imiterons en cela nos prédécesseurs et nos contemporains. Quelques scènes de la fiction d'Hyram vont donc se passer sous vos yeux, d'une manière imparfaite, il est vrai, car la perfection n'est guère facile en ce genre, mais assez intelligible cependant pour que vous les compreniez sans efforts.

« Les profanes et les Maç∴ peu instruits rient souvent de nos pratiques et de notre histoire d'Hyram, parce qu'elles leur sont mal présentées; mais si, après les éclaircissements convenables, ils se montraient encore rebelles au sens de l'allégorie, je vous invite, mes FF∴, à les prendre par la main et à les conduire devant les *scènes mystérieuses* qu'on leur offre ailleurs, à les prier de les considérer attentivement, et de revenir ensuite nous en donner une explication satisfaisante, avec des raisons admissibles de leur préférence : alors nous leur rendrons les armes. Mais jusque-là le dieu de la Maçonn∴ et les dieux du monde profane se doivent peu de chose. Nous ferons seulement observer, pour rendre hommage à la vérité, que, de tous les dieux que les hommes se sont donnés, les meilleurs sont ceux qui n'ont point fait verser de sang ni occasionné de guerres injustes. A ce titre, notre Hyram semble mériter qu'on le distingue, car nulles annales ne lui imputent encore ni colères, ni vengeances, ni passions, ni mauvaises lois, ni bouleversement de société, ni massacres de nations, et c'est un avantage dont beaucoup d'autres ne pourraient se glorifier.

« Mes FF∴, je le répète, j'ai cru devoir tenter ces réflexions avant de commencer des cérémonies trop souvent mal comprises. Je vous remercie d'avoir bien voulu m'entendre, et je vous demande la même faveur pour le reste de la séance. »

RÉCEPTION.

(Ce discours terminé, et après un instant de silence, le Vén.·. frappe un coup et dit :)

Vén.·. Exp.·., voilà l'heure où les Comp.·. qui demandent de l'avancement vont se présenter à la porte du Temple. Faites toutes les dispositions requises en pareilles circonstances.

(L'Exp.·. sort.)

Vén.·. 1er et 2e Surv.·., maintenez sur vos Col.·. l'ordre et le silence qui conviennent à la dignité de nos assemblées. Mes FF.·., je vais vous faire connaître les noms des Comp.·. qui désirent passer Maît.·.

(Le Vén.·. nomme les Comp.·.)

Tous ces FF.·. sont dignes de l'avancement qu'ils sollicitent, et vous le concevrez facilement d'après les conditions auxquelles nos Récip.·. sont astreints, conditions qui deviennent plus sévères à mesure que les Gra.·. deviennent plus élevés : ainsi vous vous en convaincrez tout-à-l'heure par les déclarations dont on vous donnera lecture.

(On frappe à la porte du Temple; le Vén.·. Exp.·. rentre, tenant à la main la déclaration suivante :)

LE VÉN.·. : Mes FF.·., écoutons le Vén.·. Exp.·.

(L'Ex.·., se tenant entre les deux Col.·., lit :)

« Vén.·. Maît.·., Vén.·. 1er et 2e Surv.·., et vous tous. mes FF.·., je

2

« vous déclare que les Néoph∴ qui vont se présenter devant vous ont rempli
« toutes les conditions qui leur étaient imposées. Ils se sont retirés chacun dans
« un lieu solitaire pour y passer en revue leur vie entière et se juger eux-
« mêmes. Ils se sont livrés aux études philosophiques les plus propres à per-
« fectionner le cœur de l'homme. Ils vous nommeront eux-mêmes les auteurs
« qu'ils ont lus. Ils ont mis par écrit le résultat de leurs observations. Cha-
« cun d'eux affirme qu'il a pardonné à ses ennemis et qu'il a banni toute
« haine de son cœur.

 « Il a donné à trois infortunés de quoi vivre pendant un jour.

 « Telle est la déclaration qu'ils ont signée et que je remets en vos mains,
« Vén∴ Maît∴.. »

(Le Vén∴, s'adressant à la ⬛∴:)

Vén∴ Maît∴, puisque les Néoph∴ apportent un esprit droit, un cœur
ami de la science et de la vertu, je demande que le Temple leur soit ouvert.
Levez-vous en signe d'adhésion.

(Tous les FF∴ se lèvent, puis le Vén∴ continue :)

Il suffit ; asseyez-vous, MM∴ FF∴

Vén∴ Exp∴, dites aux Néoph∴ qu'ils sont admis aux Épr∴

(L'Exp∴ sort, et le Vén∴ ajoute :)

Silence, mes FF∴, et toujours silence.

(On frappe à la porte du Temple en Comp∴, le Vén∴ frappe et dit
à demi-voix :)

Éloignez les lumières. Que les ténèbres succèdent à la clarté.

(On éteint les lumières.)

Le Vén∴ : Quels sont les Comp∴ qui osent venir frapper à la porte des
Maît∴ et troubler leurs trav∴? Sont-ce les mêmes que ceux dont vous
m'avez transmis les noms? Ont-ils fait leur temps? Leurs Maît∴ rendent-ils
d'eux un témoignage favorable ?

(Quand les réponses ont été rendues, le Vén∴ dit :)

Que le Temple leur soit ouvert.

(Et on fait entrer les Comp.·. à reculons.)

Le Vén.·. : Emparez-vous des Comp.·.; ayez soin que leurs regards ne se portent point vers l'autel.

Comp.·., jurez de ne point révéler ce que vous pourriez voir et entendre, dans le cas où vous ne seriez pas admis au Gra.·. que vous désirez. Vous voulez devenir Maît.·.; vous avez donc reconnu dans la Maçoun.·. quelque chose qui mérite votre zèle et votre persévérance? Vous n'êtes donc pas intimidés par les calomnies et les persécutions de nos ennemis? Mais ne craignez-vous point de rencontrer aujourd'hui, dans ce Temple même, des épreuves que votre esprit ne serait pas en état de supporter?

Faites asseoir les Comp.·..

(On les fait asseoir le dos tourné vers l'autel, en face d'un trophée sépulcral.)

Le Vén.·. : Comp.·., levez les yeux. Fixez-les sur les tableaux qui sont devant vous. Vous voici dans le séjour du deuil et de la tristesse. Ici, vous ne verrez que des larmes; vous n'entendrez que des gémissements! Appelez à vous votre courage et toutes les facultés de votre intelligence. Vous savez beaucoup de choses, sans doute; mais il en est encore que vous ignorez, et parmi celles-là se trouverait peut-être la cause de vos propres chagrins.... car quel mortel n'en a pas éprouvé? Écoutez.

Le malheur nous est donné pour nous instruire. Les Maç.·. que vous voyez ici se sont réunis pour pleurer, pour gémir ensemble. Vous ne connaissez pas l'événement funeste qui les a souvent contraints de chercher un asile dans les entrailles de la terre et jusqu'au sein des tombeaux. Comp.·., un grand crime a été commis. La lumière s'est éteinte. La vertu a succombé. Les Maç.·. ont perdu leur Maît.·.. Ils le cherchent, ils le pleurent, et leur douleur ne finira que lorsqu'ils l'auront trouvé. La trahison dont ils ont été victimes les rend soupçonneux. Voilà pourquoi ils examinent attentivement ceux qui se disent leurs frères et qui ne leur sont pas bien connus. La trahison est le plus noir des forfaits.

(Le Vén.·. frappe un grand coup, en disant :)

Comp.·., ôtez vos tabliers; rendez-les à vos conducteurs. Peut-être n'êtes-vous plus dignes de les porter?

(On ôte les tabliers aux Comp.·..)

Le Vén.·. : Il faut que nous sachions si vous n'avez point pris part au crime qui nous afflige.

Descendez en vous-mêmes; vous sentez-vous exempts de reproches? Répondez.

Faites avancer un des Comp.·., afin que je lise dans ses yeux quel est l'état de son âme.

(On fait avancer un Comp.·. à quelque distance du trône; les autres restent toujours assis, le dos tourné.)

Le Vén.·. : Comp.·., vos mains ont-elles jamais versé le sang de vos semblables (1)?

Votre langue a-t-elle jamais servi au parjure, à la délation, à la calomnie ?

---

(1) Si le Comp.·. avoue qu'il a versé le sang dans des duels ou autrement et qu'il en donne des motifs recevables, on lui fait les remontrances nécessaires; on le purifie par l'eau, par le feu, par le serment du repentir.

C'est le Vén.·. qui lave lui-même les mains, qui lui passe ensuite la main droite au-dessus de charbons ardents, sur lesquels on jette des parfums, et qui l'embrasse après au nom de la ⊏⊐.·., en signe de réconciliation.

Voici la réponse faite par un Comp.·. :

« Emporté par la fougue et les erreurs de la jeunesse, j'ai eu le malheur d'avoir des duels où mes adversaires ont succombé. J'en ai souvent gémi. J'ai détesté l'horrible préjugé qui porte à sacrifier un homme pour venger une injure, et j'ai reproché à nos mœurs, ainsi qu'à nos lois, de nous avoir laissés sans préservatifs à cet égard.

« Souvent j'ai regardé moi-même avec horreur cette main qui a frappé, et j'aurais voulu la couper, tant mon repentir était grand! Mais j'ai été puni : le remords et les nombreuses blessures dont je suis couvert ont vengé l'humanité. »

Le Vén.·. a prononcé son absolution d'après le consentement de l'assemblée, et jamais depuis ce F.·. n'est retombé dans la même faute.

(Aux autres Comp∴ :)

Vous autres Comp∴, êtes-vous en état de faire les mêmes réponses?
Levez-vous, tournez le visage vers l'autel, promenez vos regards autour de
vous.

Quand on prépara votre initiation au gra∴ d'App∴, on vous montra
des larmes et des ossements : ici, ce sont encore des ossements et des larmes!...
C'est ce livre qui nous apprend le mieux la vérité.

(Le Vén∴ prend la tête de mort qui est sur l'autel et la montre aux
Comp∴.)

Comp∴, comment appelez-vous le triste objet que ma main vous présente? Une tête de mort!... Que vous dit-elle? « J'ai été et je ne suis plus!
J'ai réfléchi... j'ai aimé, j'ai haï... et je ne suis plus!... » Comp∴, une
lumière matérielle et grossière a été mise là où brillait la lumière divine...
où la pensée existait!... Qui a détruit ce bel ouvrage? Comp∴, le savez-
vous? Que sommes-nous? D'où venons-nous? Que deviendrons-nous?
Comp∴, pouvez-vous nous l'apprendre?

Cette tête est ici placée comme un fanal qui nous montre l'abîme où nous
descendrons tous, grands, petits, rois, sujets, riches, pauvres, tyrans, esclaves? Alors, à quoi nous aura servi de tromper, d'accabler les mortels?
Comp∴, prêtez-moi l'oreille ; vous allez connaître la cause des maux qui
nous affligent.

Nous avions un *Maît∴* ; ce Maît∴ possédait toutes les qualités qui constituent la perfection ; son nom était *Hyram :* d'autres disent *Osiris,* d'autres
le *Soleil,* le *Père,* le *Conservateur* de *toutes choses.* Son pays était celui où
naît la lumière. Il travaillait à l'édification d'un temple qui devait réunir
tous les hommes dans un même culte, celui de la Vérité! Il en surveillait les
trav∴, en coordonnait les parties. Les ouvriers qu'il employait recevaient
un salaire proportionné à leurs talents. Son entreprise prospérait. Elle tou-
chait à sa fin, lorsque trois Comp∴, ennemis de sa gloire et de son autorité,
formèrent le projet de l'assassiner. Leurs noms restèrent longtemps incon-
nus ; mais on parvint à les découvrir.

(Le Vén∴ se lève précipitamment en frappant la batt∴ d'App∴.)

Mes FF.·., couvrez vos têtes, cachez-vous le visage, je vais les prononcer. Nul Maît.·. ne les entend jamais sans horreur !

(Tous les FF.·. se cachent le visage dans leurs mains.)

Ces Comp.·. détestables, ces assassins, s'appelaient de trois noms qui signifient dans toutes les langues : l'*Ignorance*, le *Mensonge*, l'*Ambition* ; noms funestes qui sont restés depuis aux trois fléaux qui désolent le plus la terre !

(Le Vén.·. s'assied et réitère la batt.·. d'App.·.)

F.·. premier, F.·. deuxième Surv.·., répétez sur vos Col.·., afin qu'on ne l'oublie pas, que les assassins qui tuèrent notre M.·. sont l'*Ignorance*, le *Mensonge* et l'*Ambition*.

(Le premier Surv.·. répète la batt.·. et dit :)

« Mes FF.·., les assassins qui tuèrent notre Maît.·. sont l'*Ignorance*, le *Mensonge* et l'*Ambition*. »

(Le deuxième Surv.·. la rend également, en disant :)

« Mes FF.·., les assassins qui tuèrent notre Maît.·. sont l'*Ignorance*, le *Mensonge* et l'*Ambition*.

LE VÉN.·. : Oui, mes FF.·., voilà ceux qui ont fait nos malheurs ; gardez-en le souvenir. Mais voici quelle trame ils ourdirent pour venir à bout de leur dessein : Hyram, le Maît.·. parfait, se levait avec le jour. Sa présence vivifiait tout ce qui l'environnait. Il visitait régulièrement son ouvrage. Il commençait par l'orient, arrivait au midi, et finissait par l'occident, où il payait et congédiait ses ouvriers. Le *Mensonge* l'épia et l'attaqua le premier. Il lui jeta sur la tête un voile qui l'enveloppa et le rendit presque méconnaissable.

(L'Exp.·. jette un crêpe sur la tête du Récip.·.)

Puis il publia que le Maît.·. avait résolu de ne plus se montrer lui-même aux ouvriers ; qu'il lui avait confié ses secrets, ses plans et ses dessins, et qu'il lui avait commandé de le remplacer dans la direction des trav.·. L'*Igno-*

rance, guidée par le *Mensonge*, fut chargée de répandre ces impostures, et combattit pour les faire triompher. *L'Ignorance* et le *Mensonge* étaient audacieux et cruels : leurs succès furent rapides. *L'Ambition*, qui avait dirigé le complot, voyant la crédulité et la faiblesse des ouvriers, se dit : « Tout va bien ; nous aurons la place du Maît∴, nous aurons ses richesses et ses honneurs ; il est temps d'agir. » Puis, prenant avec elle ses deux complices, tous trois se mirent en embuscade pour consommer leur crime. La nuit était proche, et le Maît∴ s'avançait vers le lieu de son repos. *L'Ignorance* osa la première prendre la parole et lui demander compte de sa gestion. Comme elle était née de l'oubli même des perfections du Maît∴, elle se prétendit aussi savante que lui, déclara qu'elle voulait partager son pouvoir, et le menaça de le tuer, s'il n'y consentait. Qu'exiges-tu ? lui dit Hyram, mon pouvoir entre tes mains serait fatal aux ouvriers : l'Édifice périrait. Alors, *l'Ignorance*, incapable de rien comprendre, bouleversa les matériaux, cacha, brisa les outils, les règles, les compas, et les ouvriers furent embarrassés quand ils revinrent au travail. Ils cherchèrent le Maît∴ pour s'en plaindre ; mais déjà ils ne le reconnurent plus, à cause du voile dont le *Mensonge* l'avait couvert.

   (Le Vén∴ frappe et descend du trône, accompagné d'un F∴ portant
    son épée et d'un autre F∴ portant une lumière.)

Cependant, le Maît∴ avait gagné une autre porte où des ouvriers travaillaient encore avec ardeur : c'était la porte du Midi, qu'il quitta pour passer à celle de l'Occident. C'est là que les trois Comp∴ l'attendaient. A peine fut-il arrivé, qu'ils se jetèrent sur lui et lui portèrent à la tête un si grand coup qu'il succomba !

   (Le Vén∴ donne un coup de maillet sur la tête du Récip∴, qui
    tombe dans un cercueil placé derrière lui et qu'il n'a pas vu.)

Les trois scélérats firent une fosse et l'y ensevelirent pour dérober la trace de leur crime. Ils plantèrent sur cette fosse une branche d'*acacia*, pour reconnaître la place et s'assurer si l'on ne découvrirait pas le corps de leur victime.

   (On plante une branche d'acacia sur le cercueil.)

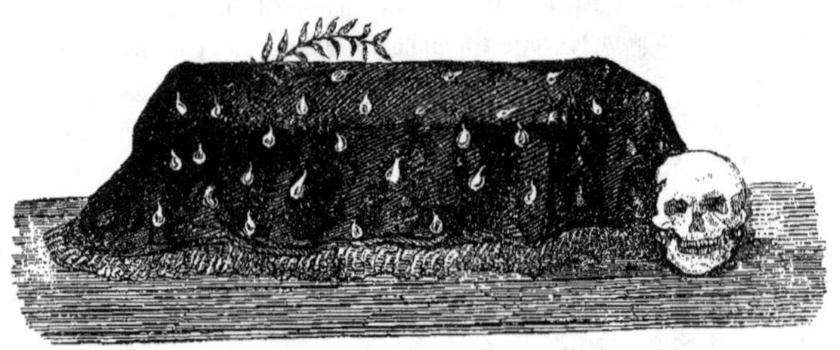

(Le Vén.·. remonte au trône, frappe un coup, et dit :)

C'est ainsi, mes FF.·., que périt Hyram, le **Maît.·.** parfait, le génie bienfaisant ; et les trav.·. tombèrent dans la confusion.

A la nouvelle de sa mort, les ouvriers poussèrent des cris de douleur. Ils cherchèrent les assassins ; mais les assassins s'étaient cachés, et pendant quelque temps même s'étaient mêlés à la foule de ceux qui pleuraient. C'est de cette époque que naquit l'affreuse *Hypocrisie*, qui tue et qui pleure !

Les ouvriers désignèrent neuf d'entre eux pour aller à la recherche de leur Maît.·.; mais leurs envoyés firent plusieurs voyages infructueux. Les *pluies*, les *frimas* et les *ténèbres* s'opposèrent à leurs projets. Pendant ce temps, l'*Ignorance*, le *Mensonge* et l'*Ambition* osèrent se présenter pour consoler et gouverner ceux qu'ils avaient jetés dans le deuil ; et, pour mieux cacher leur crime, ils allèrent jusqu'à élever des temples au Maît.·. qu'ils avaient assassiné!... Beaucoup d'ouvriers furent séduits. Les plus clairvoyants rejetèrent les fables qu'on leur présentait, et continuèrent la recherche du Maît.·.. Les assassins, craignant de plus en plus d'être découverts, s'avisèrent d'un moyen qui leur réussit. Ils semèrent la discorde parmi les ouvriers, les rendirent ennemis les uns des autres, leur apprirent la *calomnie*, la *délation*, la *trahison*. Ils traitèrent de rebelles ceux qui les priaient d'être justes ; ils les traînèrent dans les cachots et les firent périr par toutes sortes de supplices, disant que c'était plaire au Maît.·. que de lui sacrifier ses ennemis! Alors la désolation régna dans toute la contrée. L'ami ne connut plus son ami, le père son fils, le frère son frère, on s'entretua, on s'entr'égorgea.

« *Parcourez le camp,* disait celui qui commandait, *immolez votre fils, votre père; commencez par votre ami le plus tendre.* » Et, d'après cet ordre, il y en eut *vingt-trois mille* d'immolés en un seul jour; puis *deux cent cinquante-trois;* puis *quatorze mille sept cents;* puis *vingt-quatre mille;* puis *soixante-dix mille;* puis *cinq cent mille;* puis *des millions,* des *peuples sans nombre, des générations tout entières;* et la terre ne fut plus qu'un vaste champ de carnage dont d'épaisses ténèbres couvraient l'inexprimable horreur (1)!

L'homme resta muet, épouvanté et comme anéanti. On l'avait dépouillé de tout; on lui avait enlevé sa pensée, sa volonté, sa conscience et jusqu'à sa raison. Le *Mensonge,* l'*Ignorance* et l'*Ambition* triomphaient; la terre était prosternée devant eux. Cependant, il restait toujours des ouvriers qui survivaient aux supplices, aux fournaises ardentes, aux serpents dévorants. Leur génie, qui était celui d'Hyram, restait immortel. Ils conservaient dans le silence le feu sacré auquel ils osaient quelquefois rallumer le flambeau de la vérité; et ce flambeau faisait pâlir leurs adversaires, tout-puissants qu'ils étaient.

« Courage! se disaient-ils entre eux; recherchons notre Maît.·., il existe, il n'a point péri, il n'a pu périr!... » Malheureusement on les entendit. De nouveaux traîtres apostés les dénoncèrent comme des *impies,* des *blasphémateurs,* et l'on en fit mourir un grand nombre.

« Courage! se dirent ceux qui restaient encore; est-ce la peine de vivre, si nous devenons les esclaves du crime? Non, notre Maît.·. n'a point péri; c'est le **Dieu** de la lumière et de la vérité! Il est doux de mourir en combattant ses assassins! »

Alors, un doigt sur la bouche, munis du compas et de la règle, et tenant l'épée de crainte de surprise, ils recommencèrent leurs recherches.

---

(1) Ces nombres de 23,000; 253; 14,700, ne sont point imaginaires, mais historiques et tirés d'un livre qui est entre les mains de la plus grande partie des habitants de l'Europe, de l'Amérique, etc.

(Le Vén.˙. frappe et descend du trône avec son cortége, puis continue
ainsi :)

Ils arrivèrent à un lieu retiré où la terre semblait nouvellement remuée ; et
la branche *d'acacia* plantée en cet endroit excita leur attention. Ils fouil-
lèrent la terre, et bientôt ils aperçurent le corps d'un homme assassiné. Ils
furent saisis de frayeur !

Ils virent à côté de lui une règle et un compas et la lettre *G* sur sa poitrine.
« C'est notre Maît.˙.! s'écrièrent-ils ; c'est notre Maît.˙.! » L'un d'eux
voulut essayer de le soulever ; mais son trouble fut si grand, qu'il s'écria
que la *chair quittait les os!*... Et leur consternation fut extrême ! Cependant le Maît.˙. les entendait ; il n'était pas mort, il avait dormi seulement ;
le repos avait guéri ses blessures, et se levant doucement à l'aide d'un Maç.˙.
fidèle...

(Le Vén.˙. prend par la main le Comp.˙. couché dans le cercueil, il
le relève et lui ôte son voile.)

il leur dit : « Cessez de pleurer ; ne craignez point. Vous m'avez cherché,
vous m'avez trouvé. Me voilà ! » Et son visage devint radieux comme le
soleil.

(On rallume les bougies ; les têtes de mort disparaissent et sont
couvertes par des corbeilles de fleurs qu'on tenait cachées dans
des enveloppes de deuil.)

Chacun le reconnut, le salua par trois fois.

A moi, mes FF.˙. !

(On exécute la triple batt.˙..)

La nature entière se réjouit. On le couronna de fleurs.

(Le Vén.˙. pose une couronne de fleurs sur la tête du Récip.˙.; cette
couronne était tenue cachée dans une enveloppe noire.)

On lui offrit des parfums.

(On brûle de l'encens.)

On ralluma devant lui le flambeau du jour et de la vérité.

(Le Vén.˙. allume un trépied placé devant le cercueil, que l'on re-
couvre d'un grand drap d'or sur lequel on jette des fleurs.)

Et l'on promit de n'avoir plus d'autre guide. Les trois mauvais Comp.·. furent voués à l'exécration universelle. Le Maît.·. rentra dans son Temple.

(Le Vén.·. remonte au trône et fait asseoir à sa droite le Récip.·. sur un siége richement orné, recouvert d'abord d'un drap noir.)

Le Maît.·. promit d'achever ce bel ouvrage et demanda aux ouvriers plus de courage et de vigilance. « Vous m'aviez abandonné, leur dit-il, et les « méchants m'ont immolé. Le *Mensonge*, l'*Ignorance* et l'*Ambition* ont régné « à ma place. Dites au monde tout le mal qu'ils ont causé. Que l'exemple « du passé vous instruise pour l'avenir. Que le signe que vous avez fait en « croyant m'avoir perdu devienne le signe qui vous sauvera. La terre était « restée veuve ! Vous étiez ses enfants désolés ! Que celui d'entre vous qui « sera dans le danger s'écrie en portant ses mains croisées et renversées sur sa « tête : « A.·. M.·. L.·. E.·. D.·. L.·. V.·.! » et alors chacun de ses FF.·. « devra, au péril de sa vie, le secourir et le sauver. C'est l'obligation que je « vous impose. Allez, n'écoutez plus le mensonge ; ne favorisez plus l'am- « bition ; détruisez l'ignorance. Alors vous serez en paix, vous vivrez en « frères. Vous vous aimerez ; vous verrez triompher la lumière et la vérité. « Il n'y a point d'autre source de bonheur sur la terre. » Ainsi parla Hyram. Ses disciples l'écoutèrent et jurèrent d'observer ses commandements.

(Le Vén.·. frappe un coup.)

Comp.·., vous venez d'entendre l'histoire de notre Maît.·..

La comprenez-vous ? Vous sentez-vous assez nobles, assez courageux pour faire le serment qu'il exige ? Concevez-vous bien tous les funestes effets de l'*ignorance*, du *mensonge* et de l'*ambition ?* Vous croyez-vous en état de les combattre, c'est-à-dire, êtes-vous résolus de leur opposer les armes de la science, de la vérité, de la vertu ? C'est assez. Levez-vous. Approchez. Vous allez devenir les enfants d'Hyram et prendre l'engagement de lui rester fidèles.

Debout et à l'ordre, Vén.·. Maît.·..

SERMENT.

« Je jure sur ce glaive, symbole de l'honneur et du courage, devant Dieu,
« devant les Vén.·. Maît.·. qui m'entendent, d'aimer la *vérité,* source de
« tout bien ; de haïr le *mensonge,* source de tout mal ; de chercher tous les
« moyens de m'instruire, d'éclairer mon esprit, de fortifier ma raison. Je
« promets de chérir mes FF.·. et de secourir les enfants de la veuve, même
« au péril de ma vie. »

INSTITUTION.

Au nom du G∴ A∴ de l'Univ∴,

Sous les auspices du G∴ O∴ de . . . . .

En vertu des pouvoirs que je tiens de ce R∴ Atel∴, je vous crée et constitue Maît∴ de la L∴ de......

Je vais vous décorer du cordon que vous avez droit de porter.

(Le Vén∴ passe un cordon bleu au cou des Init∴.)

Pureté, élévation de pensées, voilà ce que signifie la couleur de ce cordon. C'est la couleur que nous prêtons au ciel.

Le mot sac∴ est .... c'est-à-dire .... C'est le mot d'effroi que prononça le Comp∴ qui toucha le premier le corps d'Hyram.

La frayeur nous éloigne quelquefois des plus nobles entreprises ; la persévérance aplanit les difficultés et les surmonte.

Le mot de Pas∴ est ....., c'est-à-dire ......

Vous êtes véritablement initié dans un ordre meilleur que celui où vous vous trouviez auparavant, et vous devez le sentir à votre propre cœur. Le monde profane enseigne bien quelques parties de la sagesse ; mais, presque toujours, il les présente accompagnées du cortége de la vanité et du mensonge, et ses actions démentent ce qu'il enseigne. Si quelqu'un vous demande si vous êtes Maît∴, vous répondrez : .... ; parce que c'est une branche de cet arbre qui a fait reconnaître notre Maît∴.

L'âge, les pas, signes et attouch.˙. vous seront communiqués par un Maît.˙. chargé de cet office.

Conduisez les Init.˙. entre les deux Col.˙..

(Le Vén.˙. frappe un coup et dit :)

Vén.˙. 1er et 2e Surv.˙., annoncez aux Maît.˙. qui décorent vos Col.˙. qu'ils aient à reconnaître à l'avenir pour *enfants de la veuve* et Maît.˙. de ce resp.˙. Atel.˙. les FF.˙. » » »; à les aider, les secourir et à leur sauver la vie même, s'ils le peuvent, dans les circonstances où ils seraient menacés de la perdre.

A moi, mes FF.˙., par le signe et la batterie.

(Les nouveaux Maît.˙. remercient, après quoi le Vén.˙. ajoute :)

Mes Vén.˙. FF.˙., vous voilà *Maît.˙.*; c'est à vous maintenant d'enseigner et de donner l'exemple. Vous avez le droit de tenir le maillet, c'est-à-dire d'être Vén.˙. de ⬜.˙. et d'assister aux séances du G.˙. O.˙.. Qui dit Maît.˙. dit un homme plus parfait, plus courageux, plus vertueux que les autres ; vous avez pris l'engagement de l'être ; vous tiendrez votre promesse. Vous connaissez les malheurs du monde ; vous en savez les causes ; travaillez à diminuer ces malheurs. N'en doutez pas ; qui a juré de servir l'humanité sera servi par elle. Allez ; déjà les bénédictions de vos FF.˙. vous accompagnent. Que la prudence, la droiture, le courage président à toutes vos démarches, à toutes vos actions. Respectez les lois des pays où vous serez. N'offensez ni les opinions, ni les consciences. Que le savoir, que la raison, soient vos seules armes. Allez, encore une fois : parlez, persuadez, faites aimer la vérité, l'humanité, et bientôt vous aurez connu tout entier le secret de la Maç.˙.. Vous êtes Maît.˙. enfin. Souvenez-vous qu'il ne vous est plus permis d'avoir aucun vice des esclaves.

A moi, mes FF.˙., par le signe !

Au triomphe de la maç.˙.!

Au salut des enfants de la veuve !

A la vérité ! a l'humanité !

*(La séance continue ensuite par le discours de l'Orat∴, — la circu-
lation du sac des propositions et du tronc de bienfaisance, — après
quoi le Vénérable procède à la clôture des travaux, qu'il termine
par ces mots :)*

Silence! Silence! Silence!